AF389073

# DIX CONTES
# DU PAYS DE
# CAUX

# GUY DE MAUPASSANT

# DIX CONTES
## DU PAYS DE CAUX

AVEC

DIX LITHOGRAPHIES ORIGINALES

DE

## CHARLES LÉANDRE

ROUEN

SOCIÉTÉ NORMANDE DES AMIS DU LIVRE

1929

# LE PETIT FÛT

# LE PETIT FÛT

*A Adolphe Tavernier.*

Maître Chicot, l'aubergiste d'Épreville, arrêta son til-bury devant la ferme de la mère Magloire. C'était un grand gaillard de quarante ans, rouge et ventru, et qui passait pour malicieux.

Il attacha son cheval au poteau de la barrière, puis il pénétra dans la cour. Il possédait un bien attenant aux terres de la vieille, qu'il convoitait depuis longtemps. Vingt fois il avait essayé de les acheter, mais la mère Magloire s'y refusait avec obstination.

— J'y sieus née, j'y mourrai, disait-elle.

Il la trouva épluchant des pommes de terre devant sa porte. Agée de soixante-douze ans, elle était sèche, ridée, courbée, mais infatigable comme une jeune fille. Chicot lui tapa dans le dos avec amitié, puis s'assit près d'elle sur un escabeau.

— Eh bien ! la mère, et c'te santé, toujours bonne ?

— Pas trop mal, et vous, maît' Prosper ?

— Eh ! eh ! quéques douleurs ; sans ça, ce s'rait à satis-faction.

— Allons, tant mieux !

Et elle ne dit plus rien. Chicot la regardait accomplir sa besogne. Ses doigts crochus, noués, durs comme des pattes de crabe, saisissaient à la façon de pinces les tubercules grisâtres dans une manne, et vivement elle les faisait tourner, enlevant de longues bandes de peau sous la lame d'un vieux couteau qu'elle tenait de l'autre main. Et, quand la pomme de terre était devenue toute jaune, elle la jetait dans un seau d'eau. Trois poules hardies s'en venaient l'une après l'autre jusque dans ses jupes ramasser les épluchures, puis se sauvaient à toutes pattes, portant au bec leur butin.

Chicot semblait gêné, hésitant, anxieux, avec quelque chose sur la langue qui ne voulait pas sortir. A la fin, il se décida :

— Dites donc, mère Magloire...

— Qué qu'i a pour votre service ?

— C'te ferme, vous n'voulez toujours point m'la vendre ?

— Pour ça, non. N'y comptez point. C'est dit, c'est dit, n'y r'venez pas.

— C'est qu'j'ai trouvé un arrangement qui f'rait notre affaire à tous les deux.

— Qué qu'c'est ?

— Le v'là. Vous m'la vendez, et pi vous la gardez tout d'même. Vous n'y êtes point ? Suivez ma raison.

La vieille cessa d'éplucher ses légumes et fixa sur l'aubergiste ses yeux vifs sous leurs paupières fripées.

Il reprit :

— Je m'explique. J'vous donne, chaque mois, cent cinquante francs. Vous entendez bien : chaque mois j'vous apporte ici, avec mon tilbury, trente écus de cent sous. Et pi n'y a rien de changé de plus, rien de rien ; vous restez chez vous, vous n'vous occupez point de mé, vous n'me d'vez rien. Vous n'faites que prendre mon argent. Ça vous va-t-il ?

Il la regardait d'un air joyeux, d'un air de bonne humeur.

La vieille le considérait avec méfiance, cherchant le piège. Elle demanda :

— Ça, c'est pour mé ; mais pour vous, c'te ferme, ça n'vous la donne point ?

Il reprit :

— N'vous tracassez point de ça. Vous restez tant que l'bon Dieu vous laissera vivre. Vous êtes chez vous. Seulement vous m'ferez un petit papier chez l'notaire pour qu'après vous ça me revienne. Vous n'avez point d'éfants, rien qu'des neveux que vous n'y tenez guère. Ça vous va-t-il ? Vous gardez votre bien votre vie durant, et j'vous donne trente écus de cent sous par mois. C'est tout gain pour vous.

La vieille demeurait surprise, inquiète, mais tentée. Elle répliqua :

— Je n'dis point non. Seulement, j'veux m'faire une raison là-dessus. Rev'nez causer d'ça dans l'courant d'l'autre semaine. J'vous ferai une réponse d'mon idée.

Et maître Chicot s'en alla, content comme un roi qui vient de conquérir un empire.

La mère Magloire demeura songeuse. Elle ne dormit pas la nuit suivante. Pendant quatre jours elle eut une fièvre d'hésitation.

Elle flairait bien quelque chose de mauvais pour elle

là-dedans, mais la pensée des trente écus par mois, de ce bel argent sonnant qui s'en viendrait couler dans son tablier, qui lui tomberait comme ça du ciel, sans rien faire, la ravageait de désir.

Alors elle alla trouver le notaire et lui conta son cas. Il lui conseilla d'accepter la proposition de Chicot, mais en demandant cinquante écus de cent sous au lieu de trente, sa ferme valant, au bas mot, soixante mille francs.

— Si vous vivez quinze ans, disait le notaire, il ne la payera encore, de cette façon, que quarante-cinq mille francs.

La vieille frémit à cette perspective de cinquante écus de cent sous par mois; mais elle se méfiait toujours, craignant mille choses imprévues, des ruses cachées, et elle demeura jusqu'au soir à poser des questions, ne pouvant se décider à partir. Enfin elle ordonna de préparer l'acte, et elle rentra troublée comme si elle eut bu quatre pots de cidre nouveau.

Quand Chicot vint pour savoir la réponse elle se fit longtemps prier, déclarant qu'elle ne voulait pas, mais rongée par la peur qu'il ne consentît point à donner les cinquante pièces de cent sous. Enfin, comme il insistait, elle énonça ses prétentions.

Il eut un sursaut de désappointement et refusa.

Alors, pour le convaincre, elle se mit à raisonner sur la durée probable de sa vie.

— Je n'en ai pas pour pu de cinq à six ans pour sûr. Me v'là sur mes soixante-treize, et pas vaillante avec ça. L'aut'e soir, je crûmes que j'allais passer. Il me semblait qu'on me vidait l'corps, qu'il a fallu me porter à mon lit.

Mais Chicot ne se laissait pas prendre.

— Allons, allons, vieille pratique, vous êtes solide comme l'clocher d'l'église. Vous vivrez pour le moins cent dix ans. C'est vous qui m'enterrerez, pour sûr.

Tout le jour fut encore perdu en discussions. Mais, comme la vieille ne céda pas, l'aubergiste, à la fin, consentit à donner les cinquante écus.

Ils signèrent l'acte le lendemain. Et la mère Magloire exigea dix écus de pot-de-vin.

Trois ans s'écoulèrent. La bonne femme se portait comme un charme. Elle paraissait n'avoir pas vieilli d'un jour, et Chicot se désespérait. Il lui semblait, à lui, qu'il payait cette rente depuis un demi-siècle, qu'il était trompé, floué, ruiné. Il allait de temps en temps rendre visite à la fermière, comme on va voir, en juillet, dans les champs, si les blés sont mûrs pour la faux. Elle le recevait avec une malice dans le regard. On eût dit qu'elle se félicitait du bon tour qu'elle lui avait joué ; et il remontait vite dans son tilbury en murmurant :

— Tu ne crèveras donc point, carcasse !

Il ne savait que faire. Il eût voulu l'étrangler en la voyant. Il la haïssait d'une haine féroce, sournoise, d'une haine de paysan volé.

Alors il chercha des moyens.

Un jour enfin, il s'en revint la voir en se frottant les mains, comme il faisait la première fois lorsqu'il lui avait proposé le marché.

Et après avoir causé quelques minutes :

— Dites donc, la mère, pourquoi que vous ne v'nez point dîner à la maison, quand vous passez à Épreville ? On en jase ; on dit comme ça que j'sommes pu amis, et ça me fait deuil. Vous savez, chez mé, vous ne payerez point. J'suis pas regardant à un dîner. Tant que le cœur vous en dira, v'nez sans retenue, ça m'fera plaisir.

La mère Magloire ne se le fit point répéter, et le surlendemain, comme elle allait au marché dans sa carriole conduite par son valet Célestin, elle mit sans gêne son cheval à l'écurie chez maître Chicot, et réclama le dîner promis.

L'aubergiste, radieux, la traita comme une dame, lui servit du poulet, du boudin, de l'andouille, du gigot et du lard aux choux. Mais elle ne mangea presque rien, sobre depuis son enfance, ayant toujours vécu d'un peu de soupe et d'une croûte de pain beurrée.

Chicot insistait, désappointé. Elle ne buvait pas non plus. Elle refusa de prendre du café.

Il demanda :

— Vous accepterez toujours bien un p'tit verre ?

— Ah ! pour ça, oui. Je ne dis pas non.

Et il cria de tous ses poumons, à travers l'auberge :

— Rosalie, apporte la fine, la surfine, le fil-en-dix.

Et la servante apparut, tenant une longue bouteille ornée d'une feuille de vigne en papier.

Il emplit deux petits verres.

— Goûtez ça, la mère, c'est de la fameuse.

Et la bonne femme se mit à boire tout doucement, à petites gorgées, faisant durer le plaisir. Quand elle eut vidé son verre, elle l'égoutta, puis déclara :

— Ça, oui c'est de la fine.

Elle n'avait point fini de parler que Chicot lui en versait un second coup. Elle voulut refuser, mais il était trop tard, et elle le dégusta longuement, comme le premier.

Il voulut alors lui faire accepter une troisième tournée, mais elle résista. Il insistait :

— Ça, c'est du lait, voyez-vous ; mé j'en bois dix, douze, sans embarras. Ça passe comme du sucre. Rien au ventre, rien à la tête ; on dirait que ça s'évapore sur la langue. Y a rien de meilleur pour la santé !

Comme elle en avait bien envie, elle céda, mais elle n'en prit que la moitié du verre.

Alors Chicot, dans un élan de générosité, s'écria :

— T'nez, puisqu'elle vous plaît, j'vas vous en donner un p'tit fût, histoire de vous montrer que j'sommes toujours une paire d'amis.

La bonne femme ne dit pas non, et s'en alla, un peu grise.

Le lendemain, l'aubergiste entra dans la cour de la mère Magloire, puis tira du fond de sa voiture une petite barrique cerclée de fer. Puis il voulut lui faire goûter le contenu, pour prouver que c'était bien la même fine ; et, quand ils en eurent encore bu chacun trois verres, il déclara, en s'en allant :

— Et puis, vous savez, quand n'y en aura pu, y en a encore ; n'vous gênez point. Je n'suis pas regardant. Pu tôt que ce sera fini, pu que je serai content.

Et il remonta dans son tilbury.

Il revint quatre jours plus tard. La vieille était devant sa porte, occupée à couper le pain de la soupe.

Il s'approcha, lui dit bonjour, lui parla dans le nez, histoire de sentir son haleine. Et il reconnut un souffle d'alcool. Alors son visage s'éclaira.

— Vous m'offrirez bien un verre de fil ? dit-il.

Et ils trinquèrent deux ou trois fois.

Mais bientôt le bruit courut dans la contrée que la mère Magloire s'ivrognait toute seule. On la ramassait tantôt dans sa cuisine, tantôt dans sa cour, tantôt dans les chemins des environs, et il fallait la rapporter chez elle, inerte comme un cadavre.

Chicot n'allait plus chez elle, et, quand on lui parlait de la paysanne, il murmurait avec un visage triste :

— C'est-il pas malheureux, à son âge, d'avoir pris c't'habitude-là ? Voyez-vous, quand on est vieux, y a pas de ressource. Ça finira bien par lui jouer un mauvais tour !

Ça lui joua un mauvais tour, en effet. Elle mourut l'hiver suivant, vers la Noël, étant tombée, soûle, dans la neige.

Et maître Chicot hérita de la ferme, en déclarant :

— C'te manante, si alle s'était point boissonnée, elle en avait bien pour dix ans de plus.

# LA BÊTE
# A MAIT'BELHOMME

# LA BÊTE
# A MAIT'BELHOMME

La diligence du Havre allait quitter Criquetot; et tous les voyageurs attendaient l'appel de leur nom dans la cour de l'hôtel du Commerce tenu par Malandain fils.

C'était une voiture jaune, montée sur des roues jaunes aussi autrefois, mais rendues presque grises par l'accumulation des boues. Celles de devant étaient toutes petites; celles de derrière, hautes et frêles, portaient le coffre difforme et enflé comme un ventre de bête. Trois rosses blanches, dont on remarquait, au premier coup d'œil, les têtes énormes et les gros genoux ronds, attelées en arbalète, devaient traîner cette carriole qui avait du monstre dans sa structure et son allure. Les chevaux semblaient endormis déjà devant l'étrange véhicule.

Le cocher Césaire Horlaville, un petit homme à gros ventre, souple cependant, par suite de l'habitude constante de grimper sur ses roues et d'escalader l'impériale, la face rougie par le grand air des champs, les pluies, les bourrasques et les petits verres, les yeux devenus clignotants sous les coups de vent et de grêle, apparut sur la porte de l'hôtel en s'essuyant la bouche d'un revers de main. De larges paniers ronds, pleins de volailles effarées, attendaient devant les paysannes immobiles. Césaire Horlaville les prit l'un après l'autre et les posa sur le toit de sa voiture ; puis il y plaça plus doucement ceux qui contenaient des œufs ; il y jeta ensuite, d'en bas, quelques petits sacs de grain, de menus paquets enveloppés de mouchoirs, de bouts de toile ou de papiers. Puis il ouvrit la porte de derrière et, tirant une liste de sa poche, il lut en appelant :

— Monsieur le curé de Gorgeville.

Le prêtre s'avança, un grand homme puissant, large, gros, violacé et d'air aimable. Il retroussa sa soutane pour lever le pied, comme les femmes retroussent leurs jupes, et grimpa dans la guimbarde.

— L'instituteur de Rollebosc-les-Grinets.

L'homme se hâta, long, timide, enredingoté jusqu'aux genoux ; et il disparut à son tour dans la porte ouverte.

— Maît'Poiret, deux places.

Poiret s'en vint, haut et tortu, courbé par la charrue, maigri par l'abstinence, osseux, la peau séchée par l'oubli des lavages. Sa femme le suivait, petite et maigre, pareille à une bique fatiguée, portant à deux mains un immense parapluie vert.

— Maît'Rabot, deux places.

Rabot hésita, étant de nature perplexe. Il demanda :

— C'est ben mé qu't'appelles ?

Le cocher, qu'on avait surnommé « dégourdi », allait répondre une facétie, quand Rabot piqua une tête vers la portière, lancé en avant par une poussée de sa femme, une gaillarde haute et carrée dont le ventre était vaste et rond comme une futaille, les mains larges comme des battoirs.

Et Rabot fila dans la voiture à la façon d'un rat qui rentre dans son trou.

— Maît'Caniveau.

Un gros paysan, plus lourd qu'un bœuf, fit plier les ressorts et s'engouffra à son tour dans l'intérieur du coffre jaune.

— Maît'Belhomme.

Belhomme, un grand maigre, s'approcha, le cou de travers, la face dolente, un mouchoir appliqué sur l'oreille comme s'il souffrait d'un fort mal de dents.

Tous portaient la blouse bleue par-dessus d'antiques et singulières vestes de drap noir ou verdâtre, vêtements de cérémonie qu'ils découvriraient dans les rues du Havre ; et leurs chefs étaient coiffés de casquettes de soie, hautes comme des tours, suprême élégance dans la campagne normande.

Césaire Horlaville referma la portière de sa boîte puis monta sur son siège et fit claquer son fouet.

Les trois chevaux parurent se réveiller et, remuant le cou, firent entendre un vague murmure de grelots.

Le cocher, alors, hurlant : « Hue ! » de toute sa poitrine, fouailla les bêtes à tour de bras. Elles s'agitèrent, firent un effort, et se mirent en route d'un petit trot boiteux et lent. Et derrière elles, la voiture, secouant ses carreaux branlants et toute la ferraille de ses ressorts, faisait un bruit surprenant de ferblanterie et de verrerie, tandis que chaque ligne de voyageurs, ballottée et balancée par les secousses, avait des reflux de flots à tous les remous des cahots.

On se tut d'abord, par respect pour le curé, qui gênait les épanchements. Il se mit à parler le premier, étant d'un caractère loquace et familier.

— Eh bien, maît'Caniveau, dit-il, ça va-t-il comme vous voulez ?

L'énorme campagnard, qu'une sympathie de taille, d'encolure et de ventre liait avec l'ecclésiastique, répondit en souriant :

— Tout d'même, m'sieu l'curé, tout d'même, et d'vote part ?

— Oh ! d'ma part, ça va toujours. Et vous, maît'Poiret ? demanda l'abbé.

— Oh ! mé, ça irait, n'étaient les cossards (colzas) qui n'donneront guère c't'année ; et, vu les affaires, c'est là-dessus qu'on s'rattrape.

— Que voulez-vous, les temps sont durs.

— Que oui, qu'i sont durs, affirma d'une voix de gendarme la grande femme de maît'Rabot.

Comme elle était d'un village voisin, le curé ne la connaissait que de nom.

— C'est vous, la Blondel ? dit-il.

— Oui, c'est mé, qu'a épousé Rabot.

Rabot, fluet, timide et satisfait, salua en souriant ; il salua d'une grande inclinaison de tête en avant, comme pour dire : « C'est bien moi Rabot, qu'a épousé la Blondel. »

Soudain maît'Belhomme, qui tenait toujours son mouchoir sur son oreille, se mit à gémir d'une façon lamentable. Il faisait « gniau... gniau... gniau » en tapant du pied pour exprimer son affreuse souffrance.

— Vous avez donc bien mal aux dents ? demanda le curé.

Le paysan cessa un instant de geindre pour répondre :

— Non point... m'sieu le curé... C'est point des dents... c'est d'l'oreille, du fond d'l'oreille.

— Qu'est-ce que vous avez donc dans l'oreille? Un dépôt?

— J'sais point si c'est un dépôt, mais j'sais ben qu'c'est eune bête, un'grosse bête, qui m'a entré d'dans, vu que j'dormais su l'foin dans l'grenier.

— Un'bête. Vous êtes sûr?

— Si j'en suis sûr? Comme du Paradis, m'sieu le curé, vu qu'a m'grignote l'fond d'l'oreille. A m'mange la tête, pour sûr! a m'mange la tête! Oh! gniau... gniau... gniau... Et il se remit à taper du pied.

Un grand intérêt s'était éveillé dans l'assistance. Chacun donnait son avis. Poiret voulait que ce fût une araignée, l'instituteur que ce fût une chenille. Il avait vu ça une fois déjà à Campemuret, dans l'Orne, où il était resté six ans; même la chenille était entrée dans la tête et sortie par le nez. Mais l'homme était demeuré sourd de cette oreille-là, puisqu'il avait le tympan crevé.

— C'est plutôt un ver, déclara le curé.

Maît'Belhomme, la tête renversée de côté et appuyée contre la portière, car il était monté le dernier, gémissait toujours.

— Oh! gniau... gniau... gniau... j'crairais ben qu'c'est eune frémi, eune grosse frémi, tant qu'a mord... T'nez, m'sieu le curé... a galope... a galope... Oh! gniau... gniau... gniau... qué misère!...

— T'as point vu l'médecin? demanda Caniveau.

— Pour sûr, non.

— D'où vient ça?

La peur du médecin sembla guérir Belhomme.

Il se redressa, sans toutefois lâcher son mouchoir.

— D'où vient ça! T'as des sous pour eusse, té, pour ces fainéants-là? Y s'rait v'nu eune fois, deux fois, trois fois, quat'fois, cinq fois ! Ça fait deusse écus de cent sous, deusse écus, pour sûr... Et qu'est-ce qu'il aurait fait ? Sais-tu, té ?

Caniveau riait.

— Non j'sais point ? Ousquè tu vas, comme ça ?

— J'vas t'au Havre vé Chambrelan.

— Qué Chambrelan ?

— L'guérisseux, donc.

— Qué guérisseux ?

— L'guérisseux qu'a guéri mon pé.

— Ton pé ?

— Oui, mon pé, dans l'temps.

— Qué qu'il avait, ton pé ?

— Un vent dans l'dos, qui n'en pouvait pu r'muer pied ni gambe.

— Qué qui li a fait ton Chambrelan ?

— Il y a manié l'dos, comm'pou'fé du pain, avec les deux mains donc ! Et ça y a passé en une couple d'heures !

Belhomme pensait bien aussi que Chambrelan avait prononcé des paroles, mais il n'osait pas dire ça devant le curé.

Caniveau reprit en riant :

— C'est-il point quéque lapin qu'tas dans l'oreille. Il aura pris çu trou-là pour son terrier, vu la ronce. Attends, j'vas l'fé sauver.

Et Caniveau, formant un porte-voix de ses mains, commença à imiter les aboiements des chiens courants en chasse. Il jappait, hurlait, piaulait, aboyait. Et tout le monde se mit à rire dans la voiture, même l'instituteur qui ne riait jamais.

Cependant, comme Belhomme paraissait fâché qu'on

se moquât de lui, le curé détourna la conversation et, s'adressant à la grande femme de Rabot :

— Est-ce que vous n'avez pas une nombreuse famille ?

— Que oui, m'sieu le curé... Que c'est dur à élever !

Rabot opinait de la tête, comme pour dire : « Oh ! oui, c'est dur à élever. »

— Combien d'enfants ?

Elle déclara avec autorité, d'une voix forte et sûre :

— Seize enfants, m'sieu l'curé ! Quinze de mon homme !

Et Rabot se mit à sourire plus fort, en saluant du front. Il en avait fait quinze, lui, lui tout seul, Rabot ! Sa femme l'avouait ! Donc, on n'en pouvait point douter. Il en était fier, parbleu !

De qui le seizième ? Elle ne le dit pas. C'était le premier sans doute ? On le savait peut-être, car on ne s'étonna point. Caniveau lui-même demeura impassible.

Mais Belhomme se mit à gémir :

— Oh ! gniau... gniau... gniau... a me trifouille dans l'fond... Oh ! misère !...

La voiture s'arrêtait au café Polyte. Le curé dit :

— Si on vous coulait un peu d'eau dans l'oreille on la ferait peut-être sortir. Voulez-vous essayer ?

— Pour sûr ! J'veux ben.

Et tout le monde descendit pour assister à l'opération.

Le prêtre demanda une cuvette, une serviette et un verre d'eau ; et il chargea l'instituteur de tenir bien inclinée la tête du patient ; puis, dès que le liquide aurait pénétré dans le canal, de la renverser brusquement.

Mais Caniveau, qui regardait déjà dans l'oreille de Belhomme pour voir s'il ne découvrirait pas la bête à l'œil nu, s'écria :

— Cré nom d'un nom, qué marmelade ! Faut déboucher ça, mon vieux. Jamais ton lapin sortira dans c'te confiture-là. Il s'y collerait les quat'pattes.

Le curé examina à son tour le passage et le reconnut trop étroit et trop embourbé pour tenter l'expulsion de la bête. Ce fut l'instituteur qui débarrassa cette voie au moyen d'une allumette et d'une loque. Alors, au milieu de l'anxiété générale, le prêtre versa, dans ce conduit nettoyé, un demi-verre d'eau qui coula sur le visage, dans les cheveux et dans le cou de Belhomme. Puis l'instituteur retourna vivement la tête sur la cuvette, comme s'il eût voulu la dévisser. Quelques gouttes retombèrent dans le vase blanc. Tous les voyageurs se précipitèrent. Aucune bête n'était sortie.

Cependant Belhomme déclarant :

— Je sens pu rien.

Le curé, triomphant, s'écria :

— Certainement elle est noyée.

Tout le monde était content. On remonta dans la voiture.

Mais à peine se fut-elle remise en route que Belhomme poussa des cris terribles. La bête s'était réveillée et était devenue furieuse. Il affirmait même qu'elle était entrée dans la tête maintenant, qu'elle lui dévorait la cervelle. Il hurlait avec de telles contorsions que la femme de Poiret, le croyant possédé du diable, se mit à pleurer en faisant le signe de la croix. Puis, la douleur se calmant un peu, le malade raconta qu'*elle* faisait le tour de son oreille. Il imitait avec son doigt les mouvements de la bête, semblait la voir, la suivre du regard :

— Tenez, v'là qu'a remonte… gniau… gniau… gniau… qué misère !

Caniveau s'impatientait.

— C'est l'iau qui la rend enragée, c'te bête. All'est p't-être ben accoutumée au vin.

On se remit à rire. Il reprit :

— Quand j'allons arriver au café Bourbeux, donne-li du fil en six et all'n'bougera pu, j'te le jure.

Mais Belhomme n'y tenait plus de douleur. Il se mit à crier comme si on lui arrachait l'âme. Le curé fut obligé de lui soutenir la tête. On pria Césaire Horlaville d'arrêter à la première maison rencontrée.

C'était une ferme en bordure sur la route. Belhomme y fut transporté ; puis on le coucha sur la table de cuisine pour recommencer l'opération. Caniveau conseillait toujours de mêler de l'eau-de-vie à l'eau, afin de griser et d'endormir la bête, de la tuer peut-être. Mais le curé préféra du vinaigre.

On fit couler le mélange goutte à goutte, cette fois, afin qu'il pénétrât jusqu'au fond, puis on le laissa quelques minutes dans l'organe habité.

Une cuvette ayant été de nouveau apportée, Belhomme fut retourné tout d'une pièce par le curé et Caniveau, ces deux colosses, tandis que l'instituteur tapait avec ses doigts sur l'oreille saine, afin de bien vider l'autre.

Césaire Horlaville, lui-même, était entré pour voir, son fouet à la main.

Et soudain, on aperçut au fond de la cuvette un petit point brun, pas plus gros qu'un grain d'oignon. Cela remuait, pourtant. C'était une puce ! Des cris d'étonnement s'élevèrent, puis des rires éclatants. Une puce ! Ah ! elle était bien bonne, bien bonne ! Caniveau se tapait sur la cuisse, Césaire Horlaville fit claquer son fouet, le curé s'esclaffait à la façon des ânes qui braient, l'instituteur riait comme on éternue, et les deux femmes poussaient de petits cris de gaieté pareils au gloussement des poules.

Belhomme s'était assis sur la table, et ayant pris sur ses genoux la cuvette, il contemplait avec une attention grave et une colère joyeuse dans l'œil la bestiole vaincue qui tournait dans sa goutte d'eau.

Il grogna : « Te v'là, charogne », et cracha dessus.

Le cocher, fou de gaieté, répétait :

— Eune puce, eune puce, ah ! te v'là, sacré puçot, sacré puçot, sacré puçot !

Puis, s'étant un peu calmé, il cria :

— Allons, en route ! V'là assez de temps perdu.

Et les voyageurs, riant toujours, s'en allèrent vers la voiture.

Cependant Belhomme, venu le dernier, déclara :

— Mé, j'm'en retourne à Criquetot. J'ai pu que fé au Havre à cette heure.

Le cocher lui dit :

— N'importe, paye ta place !

— Je t'en dé que la moitié pisque j'ai point passé mi-chemin.

— Tu dois tout pisque t'as r'tenu jusqu'au bout.

Et une dispute commença qui devint bientôt une querelle furieuse : Belhomme jurait qu'il ne donnerait que vingt sous, Césaire Horlaville affirmait qu'il en recevrait quarante.

Et ils criaient, nez contre nez, les yeux dans les yeux.

Caniveau redescendit.

— D'abord, tu dés quarante sous au curé, t'entends, et pi une tournée à tout le monde, ça fait chinquante-chinq, et pi t'en donneras vingt à Césaire. Ça va-t-il, dégour-di ?

Le cocher, enchanté de voir Belhomme débourser trois francs soixante et quinze, répondit :

— Ça va !

— Allons, paye.

— J'paierai point. L'curé n'est pas médecin d'abord.

— Si tu n'payes point, j'te r'mets dans la voiture à Césaire et j't'emporte au Havre.

Et le colosse, ayant saisi Belhomme par les reins, l'enleva comme un enfant.

L'autre vit bien qu'il faudrait céder. Il tira sa bourse, et paya.

Puis la voiture se remit en marche vers le Havre, tandis que Belhomme retournait à Criquetot, et tous les voyageurs, muets à présent, regardaient sur la route blanche la blouse bleue du paysan, balancée sur ses longues jambes.

# UNE VENTE

# UNE VENTE

Les nommés Brument (Césaire-Isidore) et Cornu (Prosper-Napoléon) comparaissaient devant la cour d'assises de la Seine-Inférieure sous l'inculpation de tentative d'assassinat, par immersion, sur la femme Brument, épouse légitime du premier des prévenus.

Les deux accusés sont assis côte à côte sur le banc traditionnel. Ce sont deux paysans. Le premier est petit, gros, avec des bras courts, des jambes courtes et une tête ronde, rouge, bourgeonnante, plantée directement sur le torse, rond aussi, court aussi, sans une apparence de cou. Il est éleveur de porcs et demeure à Cacheville-la-Goupil, canton de Criquetot.

Cornu (Prosper-Napoléon) est maigre, de taille moyenne, avec des bras démesurés. Il a la tête de travers, la mâchoire torse et il louche. Une blouse bleue, longue comme une chemise, lui tombe aux genoux, et ses cheveux jaunes, rares et collés sur le crâne, donnent à sa figure un air usé, un air sale, un air abîmé tout à fait affreux. On l'a surnommé « le curé » parce qu'il sait imiter dans la perfection les chants d'église et même le bruit du serpent. Ce talent attire en son café, car il est cabaretier

à Criquetot, un grand nombre de clients qui préfèrent la
« messe à Cornu » à la messe au bon Dieu.

M^me Brument, assise au banc des témoins, est une
maigre paysanne qui semble toujours endormie. Elle demeure immobile, les mains croisées sur ses genoux, le
regard fixe, l'air stupide.

Le président continue l'interrogatoire :

— Ainsi donc, femme Brument, ils sont entrés dans
votre maison et ils vous ont jetée dans un baril plein d'eau.
Dites-nous les faits par le détail. Levez-vous.

Elle se lève, elle semble haute comme un mât avec son
bonnet qui la coiffe d'une calotte blanche. Elle s'explique
d'une voix traînante :

— J'écossais d'z'haricots. V'là qu'ils entrent. Je m'dis :
« qué qu'ils ont. Ils sont pas naturels, ils sont malicieux. »
Ils me guettaient comme ça, de travers, surtout Cornu, vu
qu'il louche. J'aime point à les voir ensemble, car c'est
deux pas grand'chose en société. J'leur dis : « Qué qu'vous
m'voulez ? » Ils répondent point. J'avais quasiment une
méfiance...

Le prévenu Brument interrompt avec vivacité la dépo-
sition et déclare :

— J'étais bu.

Alors Cornu, se tournant vers son complice, prononce
d'une voix profonde comme une note d'orgue :

— Dis qu'j'étions bus tous deux et tu n'mentiras point.

*Le président,* avec sévérité. — Vous voulez dire que
vous étiez ivres ?

*Brument.* — Ça n'se demande pas.

*Cornu.* — Ça peut arriver à tout l'monde.

*Le président,* à la victime. — Continuez votre déposi-
tion, femme Brument.

— Donc, v'là Brument qui m'dit : « Veux-tu gagner cent sous ? — Oui, que j'dis, vu qu'cent sous, ça s'trouve point dans l'pas d'un cheval. » Alors i m'dit : « Ouvre l'œil et fais comme mé », et le v'là qui s'en va quérir l'grand baril défoncé qu'est sous la gouttière du coin ; et pi qu'il le renverse, et pi qu'il l'apporte dans ma cuisine, et pi qu'il le plante droit au milieu, et pi qu'il me dit : « Va quérir d'l'iau jusqu'à tant qu'il sera plein. »

Donc me v'là que j'vas à la mare avec deux siaux et que j'apporte de l'iau, et pi encore de l'iau pendant ben une heure, vu que çu baril il était grand comme une cuve, sauf vot'respect, m'sieu l'président.

Pendant çu temps-là, Brument et Cornu ils buvaient un coup, et pi encore un coup, et pi encore un coup. Ils se complétaient de compagnie que je leur dis : « C'est vous qu'êtes pleins, pu pleins que çu baril. » Et v'là Brument qui m'répond : « Ne te tracasse point, va ton train, ton tour viendra, chacun son comptant. » Mé je m'occupe point d'son propos, vu qu'il était bu.

Quand l'baril fut empli rasibus, j'dis : « V'là, c'est fait. »

Et v'là Cornu qui me donne cent sous. Pas Brument, Cornu ; c'est Cornu qui m'les a donnés. Et Brument m'dit : « Veux-tu gagner encore cent sous ? — Oui, que j'dis, vu que j'suis pas accoutumée à des étrennes comme ça. » Alors il me dit : « Débille té. »

« Que j'me débille ? »

« Oui, qu'il m'dit. »

« Jusqu'où qu'tu veux que j'me débille ? »

Il me dit : « Si ça te dérange, garde ta chemise, ça ne nous oppose point. »

Cent sous, c'est cent sous, v'là que je m'débille, mais

qu'ça ne m'allait point de m'débiller d'vant ces deux pro-
pre-à-rien. J'ôte ma coiffe, et pi mon caraco, et pi ma jupe,
et pi mes sabots. Brument m'dit : « Garde tes bas itou ;
j'sommes bons enfants. »

Et Cornu qui réplique : « J'sommes bons enfants. »

Donc me v'là quasiment comme notr'mère Ève. Et
qu'ils se lèvent, qu'ils ne tenaient pu debout, tant ils étaient
bus, sauf vot'respect, m'sieu l'président.

Je m'dis : « Qué qui manigancent ? »

Et Brument dit : « Ça y est ? »

Cornu dit : « Ça y est ! »

Et v'là qu'ils me prennent, Brument par la tête et Cornu
par les pieds, comme on prendrait comme qui dirait un
drap de lessive. Mé, v'là que j'gueule.

Et Brument me dit : « Tais-té, misère. »

Et qu'ils me lèvent au-dessus d'leurs bras, et qu'ils me
piquent dans le baril qu'était plein d'iau, que je n'ai eu
une révolution des sangs, une glaçure jusqu'aux boyaux.

Et Brument dit : « Rien que ça ? »

Cornu dit : « Rien de pu. »

Brument dit : « La tête y est point, ça compte. »

Cornu dit : « Mets-y la tête. »

Et v'là Brument qui m'pousse la tête quasiment pour
me néyer, que l'iau me faufilait dans l'nez, que j'véyais
déjà l'Paradis. Et v'là qu'il pousse. Et j'disparais.

Et pi qu'il aura eu eune peurance. Il me tire de là et il
me dit : « Va vite te sécher, carcasse. »

Mé, je m'ensauve, et j'm'en vas courant chez m'sieu
l'curé qui m'prête une jupe d'sa servante, vu qu'j'étais en
naturel, et i va quérir maît'Chicot, l'garde champêtre qui
s'en va t'a Criquetot quérir les gendarmes qui vont t'a la
maison m'accompagnant.

V'là que j'trouvons Brument et Cornu qui s'tapaient comme deux béliers.

Brument gueulait : « Pas vrai, j'te dis qu'y en a t'au moins un mètre cube. C'est le moyen qu'est pas bon. »

Cornu gueulait : « Quatre siaux, ça fait pas quasiment un demi-mètre cube. T'as pas t'à répliquer, ça y est. »

Le brigadier leur y met la main sur le poil. J'ai pu rien.

Elle s'assit. Le public riait. Les jurés stupéfaits se regardaient. Le président prononça :

— Prévenu Cornu, vous paraissez être l'instigateur de cette infâme machination. Expliquez-vous !

Et Cornu, à son tour, se leva :

— Mon président, j'étions bus.

Le président répliqua gravement :

— Je le sais. Continuez !

— J'y vas. Donc, Brument vint à mon établissement vers les neuf heures, et il se fit servir deux fil-en-dix, et il me dit : « Y en a pour toi, Cornu. » Et je m'assieds vis-à-vis, et je bois, et par politesse, j'en offre un autre. Alors, il a réitéré, et moi aussi, si bien que de fil en fil, vers midi, nous étions toisés.

Alors Brument se met à pleurer ; ça m'attendrit. Je lui demande ce qu'il a. Il me dit : « Il me faut mille francs pour jeudi. » Là-dessus, je deviens froid, vous comprenez. Et il me propose à brûle tout le foin : « J'te vends ma femme. »

J'étais bu, et je suis veuf. Vous comprenez, ça me remue. Je ne la connaissais point, sa femme ; mais une femme, c'est une femme, n'est-ce pas ? Je lui demande : « Combien ça que tu me la vends ? »

Il réfléchit ou bien il fait semblant. Quand on est bu,

on n'est pas clair, et il me répond : « Je te la vends au mètre cube. »

Moi, ça n'm'étonne pas, vu que j'étais autant bu que lui, et que le mètre cube ça me connaît dans mon métier. Ça fait mille litres, ça m'allait.

Seulement, le prix restait à débattre. Tout dépend de la qualité. Je lui dis : « Combien ça, le mètre cube ? »

Il me répond : « Deux mille francs. »

Je fais un saut comme un lapin, et puis je réfléchis qu'une femme ça ne doit pas mesurer plus de trois cents litres. J'dis tout de même : « C'est trop cher. »

Il répond : « J'peux pas à moins. J'y perdrais. »

Vous comprenez : on n'est pas marchand de cochons pour rien. On connaît son métier. Mais s'il est ficelle, le vendeux de lard, moi je suis fil, vu que j'en vends. Ah ! ah ! ah ! Donc je lui dis : « Si elle était neuve, j'dis pas : mais a t'a servi, pas vrai, donc c'est du retour. J't'en donne quinze cents francs l'mètre cube, pas un sou de plus. Ça va-t-il ? »

Il répond : « Ça va. Tope là ! »

J'tope et nous v'là partis, bras dessus, bras dessous. Faut bien qu'on s'entr'aide dans la vie.

Mais eune peur me vint : « Comment qu'tu vas la litrer à moins d'la mettre en liquide ? »

Alors i m'explique son idée, pas sans peine, vu qu'il était bu. Il me dit : « J'prends un baril, j'l'emplis d'eau *rasibus*. Je la mets d'dans. Tout ce qui sortira d'eau, je l'mesurons, ça fait l'compte. »

Je lui dis : « C'est vu, c'est compris. Mais c't'eau qui sortira, a coulera ; comment que tu feras pour la reprendre ? »

Alors i me traite d'andouille, et il m'explique qu'il n'y

aura qu'à remplir le baril du déficit une fois qu'sa femme en sera partie. Tout ce qu'on remettra d'eau, ça f'ra la mesure. Je suppose dix seaux : ça donne un mètre cube. Il n'est pas bête tout de même quand il est bu, c'te rosse-là !

Bref, nous v'là chez lui, et j'contemple la particulière. Pour une belle femme, c'est pas une belle femme. Tout le monde peut le voir, vu que la v'là. Je me dis : « J'suis r'fait, n'importe, ça compte ; belle ou laide, ça fait pas moins le même usage. » Pas vrai, monsieur le président ? Et pi je constate qu'elle est maigre comme une gaule. Je me dis : « Y en a pas quatre cents litres. » Je m'y connais, étant dans les liquides.

L'opération, elle vous l'a dite. J'y avons même laissé les bas et la chemise à mon détriment.

Quand ça fut fait, v'là qu'elle se sauve. Je dis : « Attention ! Brument, elle s'écape. »

Il réplique : « As pas peur, j'la rattraperons toujours. Faudra bien qu'elle revienne gîter. J'allons mesurer l'déficit. »

J'mesurons. Pas quatre seaux. Ah ! ah ! ah ! ah !

Le prévenu se met à rire avec tant de persistance qu'un gendarme est obligé de lui taper dans le dos. S'étant calmé, il reprend :

Bref, Brument déclare : « Rien de fait, c'est pas assez. » Moi je gueule, il gueule, je surgueule, il tape, je cogne. Ça dure autant que le jugement dernier, vu que j'étions bus.

V'là les gendarmes ! Ils nous sacréandent, ils nous carottent. En prison. Je demande des dommages.

Il s'assit.

Brument déclara vrais en tous points les aveux de son

complice. Le jury, consterné, se retira pour délibérer.

Il revint au bout d'une heure et acquitta les prévenus avec des considérants sévères appuyés sur la majesté du mariage, et établissant la délimitation précise des transactions commerciales.

Brument s'achemina en compagnie de son épouse vers le domicile conjugal.

Cornu retourna à son commerce.

# LA MARTINE

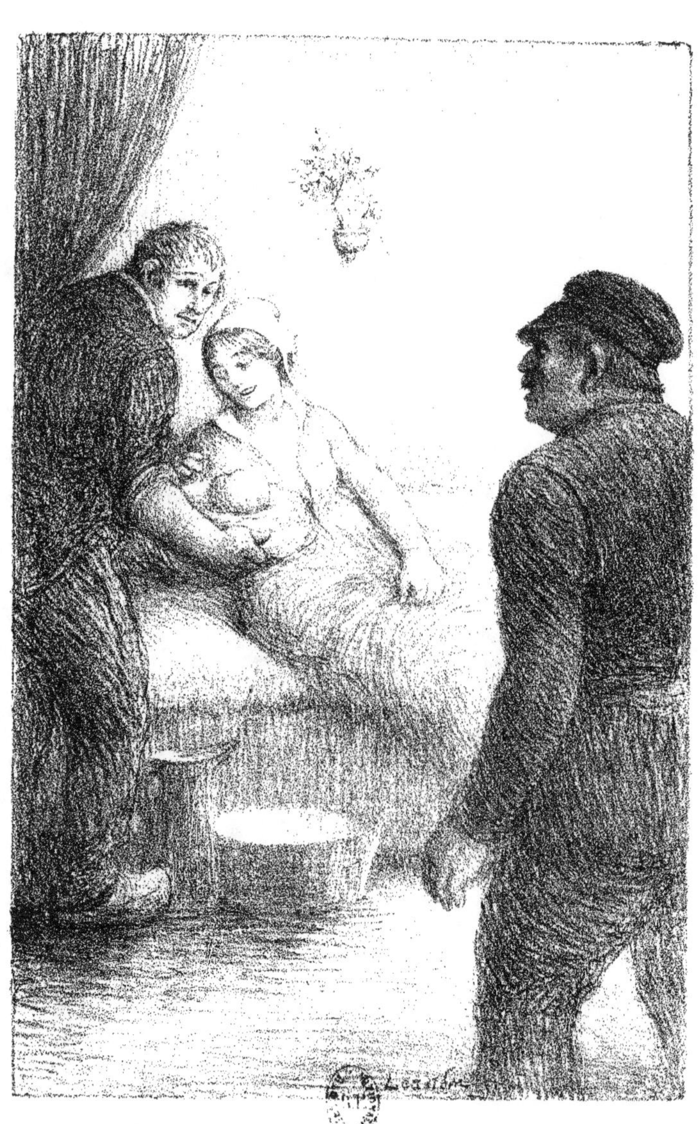

# LA MARTINE

Cela lui était venu un dimanche, après la messe. Il sortait de l'église et suivait le chemin creux qui le reconduisait chez lui, quand il se trouva derrière la Martine qui rentrait aussi chez elle.

Le père marchait à côté de sa fille, d'un pas important de fermier riche. Dédaignant la blouse, il portait une sorte de veston de drap gris et il était coiffé d'un chapeau melon à larges bords.

Elle, serrée dans un corset qu'elle ne laçait qu'une fois par semaine, s'en allait droite, la taille étranglée, les épaules larges, les hanches saillantes, en se dandinant un peu.

Coiffée d'un chapeau à fleurs, confectionné par une modiste d'Yvetot, elle montrait tout entière sa nuque forte, ronde, souple, où ses petits cheveux follets voltigeaient, roussis par le grand air et le soleil.

Lui, Benoist, ne voyait que son dos ; mais il connaissait bien le visage qu'elle avait, sans qu'il l'eût cependant jamais remarqué plus que ça.

Et tout d'un coup, il se dit : « Nom d'un nom, c'est

une belle fille tout de même que la Martine. » Il la regardait aller, l'admirant brusquement, se sentant pris d'un désir. Il n'avait point besoin de revoir la figure, non. Il gardait les yeux plantés sur sa taille, se répétant à lui-même, comme s'il eût parlé : « Nom d'un nom, c'est une belle fille. »

La Martine prit à droite pour entrer à « la Martinière », la ferme de son père, Jean Martin ; et elle se retourna en jetant un regard derrière elle. Elle vit Benoist qui lui parut tout drôle. Elle cria :

— Bonjour, Benoist.

Il répondit :

— Bonjour, la Martine, bonjour, maît'Martin.

Et il passa.

Quand il rentra chez lui, la soupe était sur la table. Il s'assit en face de sa mère, à côté du valet et du goujat, tandis que la servante allait tirer le cidre.

Il mangea quelques cuillerées, puis repoussa son assiette. Sa mère demanda :

— C'est-i que t'es indispos ?

Il répondit :

— Non, c'est comme une bouillie que j'aurais dans l'vente et qui m'ôte la faim.

Il regardait les autres manger, tout en coupant de temps à autre une bouchée de pain qu'il portait lentement à ses lèvres et mastiquait longtemps. Il pensait à la Martine : « C'est tout de même une belle fille. » Et dire qu'il ne s'en était pas aperçu jusque-là, et que ça lui venait comme ça, tout d'un coup, et si fort qu'il n'en mangeait plus.

Il ne toucha guère au ragoût. Sa mère disait :

— Allons, Benoist, efforce-té un p'tieu ; c'est d'la côte

de mouton, ça te fera du bien. Quand on n'a point d'appétit, faut s'efforcer.

Il avalait quelque morceau, puis repoussait son assiette : non, ça ne passait point, décidément.

Sur la relevée, il alla faire un tour aux terres et donna congé au goujat, promettant de remuer les bêtes en passant.

La campagne était vide, vu le jour de repos. De place en place, dans un champ de trèfle, des vaches écroulées lourdement, le ventre répandu, ruminaient sous le grand soleil. Des charrues dételées attendaient au coin d'un labouré ; et les terres retournées, prêtes pour la semence, développaient leurs larges carrés bruns au milieu de pièces jaunes où pourrissait le pied court des blés et des avoines fauchés depuis peu.

Un vent d'automne un peu sec passait sur la plaine, annonçant une soirée fraîche après le coucher du soleil. Benoist s'assit sur un fossé, mit son chapeau sur ses genoux, comme s'il eût eu besoin d'avoir la tête en l'air, et il prononça tout haut, dans le silence de la campagne : « Pour une belle fille, c'est une belle fille. »

Il y pensa encore le soir, dans son lit, et le lendemain en s'éveillant.

Il n'était pas triste, il n'était pas mécontent ; il n'eût pu dire ce qu'il avait. C'était quelque chose qui le tenait, quelque chose d'accroché dans son âme, une idée qui ne s'en allait pas et qui lui faisait au cœur une espèce de chatouillement. Parfois une grosse mouche se trouve enfermée dans une chambre. On l'entend voler en ronflant, et ce bruit vous obsède, vous irrite. Soudain elle s'arrête ; on l'oublie ; mais tout à coup elle repart, vous forçant à relever la tête. On ne peut ni la prendre, ni la chasser, ni la tuer, ni la faire rester en place. A peine posée, elle se remet à bourdonner.

Or le souvenir de la Martine s'agitait dans l'esprit de Benoist comme une mouche emprisonnée.

Puis un désir le prit de la revoir, et il passa plusieurs fois devant la Martinière. Il l'aperçut enfin étendant du linge sur une corde, entre deux pommiers.

Il faisait chaud; elle n'avait gardé qu'une courte jupe, et sa seule chemise sur sa peau dessinait bien ses reins cambrés quand elle levait les bras pour accrocher ses serviettes.

Il resta blotti contre le fossé pendant plus d'une heure, même après qu'elle fut partie. Il s'en revint plus hanté encore qu'auparavant.

Pendant un mois, il eut l'esprit plein d'elle, il tressaillait quand on la nommait devant lui. Il ne mangeait plus, il avait chaque nuit des sueurs qui l'empêchaient de dormir.

Le dimanche, à la messe, il ne la quittait pas des yeux. Elle s'en aperçut et lui fit des sourires, flattée d'être appréciée ainsi.

Or, un soir, tout à coup, il la rencontra dans un chemin. Elle s'arrêta en le voyant venir. Alors il marcha droit sur elle, suffoqué par la peur et le saisissement, mais aussi résolu à lui parler. Il commença en bredouillant :

— Voyez-vous, la Martine, ça ne peut plus durer comme ça.

Elle répondit, comme en se moquant de lui :

— Qu'est-ce qui ne peut plus durer, Benoist ?

Il reprit :

— Que je pense à vous tant qu'il y a d'heures au jour.

Elle posa ses poings sur ses hanches :

— C'est pas moi qui vous force.

Il balbutia :

— Oui, c'est vous ; je n'ai plus ni sommeil, ni repos, ni faim, ni rien.

Elle prononça très bas :

— Qu'est-ce qu'il faut, alors, pour vous guérir de ça ?

Il resta saisi, les bras ballants, les yeux ronds, la bouche ouverte.

Elle lui tapa un grand coup de main dans l'estomac et s'enfuit en courant.

A partir de ce jour, ils se rencontrèrent le long des fossés, dans les chemins creux, ou bien, au jour tombant, au bord d'un champ, alors qu'il rentrait avec ses chevaux et qu'elle ramenait ses vaches à l'étable.

Il se sentait porté, jeté vers elle par un grand élan de son cœur et de son corps. Il aurait voulu l'étreindre, l'étrangler, la manger, la faire entrer en lui. Et il avait des frémissements d'impuissance, d'impatience, de rage, de ce qu'elle n'était point à lui complètement, comme s'ils n'eussent fait qu'un seul être.

On en jasait dans le pays. On les disait promis l'un à l'autre. Il lui avait demandé, d'ailleurs, si elle voulait être sa femme, et elle avait répondu : « Oui. »

Ils attendaient une occasion pour en parler à leurs parents.

Or, brusquement, elle ne vint plus aux heures de rencontre. Il ne l'apercevait même point en rôdant autour de la ferme. Il ne pouvait que l'entrevoir à la messe le dimanche. Et, justement un dimanche, après le prône, le curé annonça du haut de la chaire qu'il y avait promesse de mariage entre Victoire-Adélaïde Martin et Joséphin-Isidore Vallin.

Benoist sentit quelque chose dans ses mains, comme si

on en avait enlevé le sang. Ses oreilles bourdonnaient; il n’entendait plus rien, et il s’aperçut au bout de quelque temps qu’il pleurait dans son livre de messe.

Pendant un mois il garda la chambre. Puis il se remit au travail.

Mais il n’était point guéri et il y pensait toujours. Il évitait de passer par les chemins qui contournaient sa demeure, pour ne point même apercevoir les arbres de sa cour, ce qui le forçait à un grand circuit qu’il faisait matin et soir.

Elle était mariée maintenant avec Vallin, le plus riche fermier du canton. Benoist et lui ne se parlaient plus, bien qu’ils fussent camarades depuis l’enfance.

Or, un soir, comme Benoist passait devant la mairie, il apprit qu’elle était grosse. Au lieu d’en ressentir une grande douleur, il en éprouva au contraire une espèce de soulagement. C’était fini, maintenant, bien fini. Ils étaient plus séparés par cela que par le mariage. Vraiment, il aimait mieux ça.

Des mois passèrent, encore des mois. Il l’apercevait quelquefois, s’en allant au village de sa démarche alourdie. Elle devenait rouge en le voyant, baissait la tête et hâtait le pas. Et lui se détournait de sa route pour ne la point croiser et rencontrer ses yeux.

Mais il songeait avec terreur qu’il pouvait au premier matin se trouver face à face avec elle et contraint de lui parler. Que lui dirait-il maintenant, après tout ce qu’il lui avait dit autrefois en lui tenant les mains et lui baisant les cheveux auprès des joues ? Il pensait souvent encore à leurs rendez-vous le long des fossés. C’était vilain ce qu’elle avait fait, après tant de promesses.

Peu à peu, cependant, le chagrin s’en allait de son cœur;

il n'y restait plus que de la tristesse. Et, un jour, il reprit son ancien chemin contre la ferme qu'elle habitait. Il regardait de loin le toit de la maison. C'était là-dedans ! là-dedans qu'elle vivait avec un autre ! Les pommiers étaient en fleurs, les coqs chantaient sur le fumier. Toute la demeure semblait vide, les gens étant partis aux champs pour les travaux printaniers. Il s'arrêta près de la barrière et regarda dans la cour. Le chien dormait devant sa niche, trois veaux s'en allaient d'un pas lent, l'un derrière l'autre, vers la mare. Un gros dindon faisait la roue devant la porte, en paradant devant les poules avec des manières de chanteur en scène.

Benoist s'appuya contre le pilier et il se sentit soudain repris par une grosse envie de pleurer. Mais, tout à coup, il entendit un cri, un grand cri d'appel qui sortait de la maison. Il demeura éperdu, les mains crispées sur les barres de bois, écoutant toujours. Un autre cri, prolongé, déchirant, lui entra dans les oreilles, dans l'âme et dans la chair. C'était elle qui criait comme ça ! Il s'élança, traversa la prairie, poussa la porte et il la vit, étendue par terre, crispée, la figure livide, les yeux hagards, saisie par les douleurs de l'enfantement.

Alors il resta debout, plus pâle et plus tremblant qu'elle, balbutiant :

— Me v'là, me v'là, la Martine.

Elle répondit, en haletant :

— Oh ! ne me quittez point, ne me quittez point, Benoist.

Il la regardait, ne sachant plus que dire, que faire. Elle se remit à crier :

— Oh ! oh ! ça me déchire ! Oh ! Benoist !

Et elle se tordait affreusement.

Soudain un besoin furieux envahit Benoist de la secourir, de l'apaiser, d'ôter son mal. Il se pencha, la prit, l'enleva, la porta sur son lit; et, pendant qu'elle geignait toujours, il la dévêtit, enlevant son caraco, sa robe, sa jupe. Elle se mordait les poings pour ne point crier. Alors il fit comme il avait coutume de faire aux bêtes, aux vaches, aux brebis, aux juments : il l'aida et il reçut dans ses mains un gros enfant qui geignait.

Il l'essuya, l'enveloppa d'un torchon qui séchait devant le feu et le posa sur un tas de linge à repasser demeuré sur la table; puis il revint à la mère.

Il la mit de nouveau par terre, changea le lit, la recoucha. Elle balbutiait :

— Merci, Benoist, t'es un brave cœur.

Et elle pleurait un peu comme si un regret l'eût envahie.

Lui, il ne l'aimait plus, plus du tout. C'était fini. Pourquoi ? Comment ? Il n'eût pas su le dire. Ce qui venait de se passer l'avait guéri mieux que n'auraient fait dix ans d'absence.

Elle demanda, épuisée et palpitante :

— Qué que c'est ?

Il répondit d'une voix calme :

— C'est une fille qu'est bien avenante.

Ils se turent de nouveau. Au bout de quelques secondes, la mère, d'une voix faible, prononça :

— Montre-la-moi, Benoist.

Il alla chercher la petite et il la présentait comme s'il eût tenu le pain bénit, quand la porte s'ouvrit et Isidore Vallin parut.

Il ne comprit point d'abord; puis, soudain, il devina.

Benoist, consterné, balbutiait :

— J'passais, je passais comme ça, quand j'ai entendu qu'elle criait et j'suis v'nu... v'là t'n'éfant, Vallin !

Alors le mari, les larmes aux yeux, fit un pas, prit le frêle moutard que lui tendait l'autre, l'embrassa, demeura quelques secondes suffoqué, reposa l'enfant sur le lit, et présentant à Benoist ses deux mains :

— Tope là, tope là, Benoist, maintenant, entre nous, vois-tu, tout est dit. Si tu veux, j's'rons une paire d'amis, mais là, une paire d'amis !...

Et Benoist répondit :

— J'veux bien, pour sûr, j'veux bien.

# LES SABOTS

# LES SABOTS

*A Léon Fontaine.*

Le vieux curé bredouillait les derniers mots de son sermon au-dessus des bonnets blancs des paysannes et des cheveux rudes ou pommadés des paysans. Les grands paniers des fermières venues de loin pour la messe étaient posés à terre à côté d'elles ; et la lourde chaleur d'un jour de juillet dégageait de tout le monde une odeur de bétail, un fumet de troupeau. Les voix des coqs entraient par la grande porte ouverte, et aussi les meuglements des vaches couchées dans un champ voisin. Parfois un souffle d'air chargé d'aromes des champs s'engouffrait sous le portail et, en soulevant sur son passage les longs rubans des coiffures, il allait faire vaciller sur l'autel les petites flammes jaunes au bout des cierges... « Comme le désire le bon Dieu. Ainsi soit-il ! » prononçait le prêtre. Puis il se tut, ouvrit un livre et se mit, comme chaque semaine, à recommander à ses ouailles les petites affaires intimes de la commune. C'était un vieux homme à cheveux blancs qui administrait la paroisse depuis bientôt quarante ans, et le prône lui servait pour communiquer familièrement avec tout son monde.

Il reprit : « Je recommande à vos prières Désiré Vallin, qu'est bien malade et aussi la Paumelle qui ne se remet pas vite de ses couches. »

Il ne savait plus ; il cherchait les bouts de papier posés dans un bréviaire. Il en retrouva deux enfin et continua : « Il ne faut pas que les garçons et les filles viennent comme ça, le soir, dans le cimetière, ou bien je préviendrai le garde champêtre... M. Césaire Omont voudrait bien trouver une jeune fille honnête comme servante. » Il réfléchit encore quelques secondes, puis ajouta : « C'est tout, mes frères, c'est la grâce que je vous souhaite au nom du Père, et du Fils, et du Saint-Esprit. »

Et il descendit de la chaire pour terminer sa messe.

Quand les Malandain furent rentrés dans leur chaumière, la dernière du hameau de la Sablière, sur la route de Fourville, le père, un vieux petit paysan sec et ridé, s'assit devant la table, pendant que sa femme décrochait la marmite et que sa fille Adélaïde prenait dans le buffet les verres et les assiettes, et il dit :

— Ça s'rait p't-être bon, c'te place chez maît'Omont, vu que le v'là veuf, que sa bru l'aime pas, qu'il est seul et qu'il a d'quoi. J'ferions p't-être ben d'y envoyer Adélaïde.

La femme posa sur la table la marmite toute noire, enleva le couvercle, et, pendant que montait au plafond une vapeur de soupe pleine d'une odeur de choux, elle réfléchit.

L'homme reprit :

— Il a d'quoi, pour sûr. Mais qu'il faudrait être dégourdi et qu'Adélaïde l'est pas un brin.

La femme alors articula :

— J'pourrions voir tout d'même.

Puis, se tournant vers sa fille, une gaillarde à l'air niais, aux cheveux jaunes, aux grosses joues rouges comme la peau des pommes, elle cria :

— T'entends, grande bête. T'iras chez maît'Omont t'proposer comme servante, et tu f'ras tout ce qu'il te commandera.

La fille se mit à rire sottement sans répondre. Puis tous trois commencèrent à manger.

Au bout de dix minutes, le père reprit :

— Écoute un mot, la fille, et tâche d'n'point te mettre en défaut sur ce que j'vas te dire...

Et il lui traça en termes lents et minutieux toute une règle de conduite, prévoyant les moindres détails, la préparant à cette conquête d'un vieux veuf mal avec sa famille.

La mère avait cessé de manger pour écouter, et elle demeurait, la fourchette à la main, les yeux sur son homme et sur sa fille tour à tour, suivant cette instruction avec une attention concentrée et muette.

Adélaïde restait inerte, le regard errant et vague, docile et stupide.

Dès que le repas fut terminé, la mère lui fit mettre son bonnet, et elles partirent toutes deux pour aller trouver M. Césaire Omont. Il habitait une sorte de petit pavillon de briques adossé aux bâtiments d'exploitation qu'occupaient ses fermiers. Car il s'était retiré du faire-valoir, pour vivre de ses rentes.

Il avait environ cinquante-cinq ans; il était gros, jovial et bourru comme un homme riche. Il riait et criait à faire tomber les murs, buvait du cidre et de l'eau-de-vie à pleins verres, et passait encore pour chaud, malgré son âge.

Il aimait à se promener dans les champs, les mains derrière le dos, enfonçant ses sabots de bois dans la terre grasse, considérant la levée du blé ou la floraison des colzas d'un œil d'amateur à son aise, qui aime ça, mais qui ne se la foule plus.

On disait de lui : « C'est un père Bon-Temps, qui n'est pas bien levé tous les jours. »

Il reçut les deux femmes, le ventre à table, achevant son café. Et, se renversant, il demanda :

— Qu'est-ce que vous désirez ?

La mère prit la parole :

— C'est not'fille Adélaïde que j'viens vous proposer pour servante, vu c'qu'a dit c'matin monsieur le curé.

Maître Omont considéra la fille, puis, brusquement :

— Quel âge qu'elle a, c'te grande bique-là ?

— Vingt-un ans à la Saint-Michel, Monsieur Omont.

— C'est bien ; all'aura quinze francs par mois et l'fricot. J'l'attends d'main, pour faire ma soupe du matin.

Et il congédia les deux femmes.

Adélaïde entra en fonctions le lendemain et se mit à travailler dur, sans dire un mot, comme elle faisait chez ses parents.

Vers neuf heures, comme elle nettoyait les carreaux de la cuisine, M. Omont la héla :

— Adélaïde !

Elle accourut.

— Me v'là, not'maître.

Dès qu'elle fut en face de lui, les mains rouges et abandonnées, l'œil troublé, il déclara :

— Écoute un peu, qu'il n'y ait pas d'erreur entre nous.

T'es ma servante, mais rien de plus. T'entends. Nous ne mêlerons point nos sabots.

— Oui, not'maître.

— Chacun sa place, ma fille, t'as ta cuisine; j'ai ma salle. A part ça, tout sera pour té comme pour mé. C'est convenu ?

— Oui, not'maître.

— Allons, c'est bien, va à ton ouvrage.

Et elle alla reprendre sa besogne.

A midi, elle servit le dîner du maître dans sa petite salle à papier peint; puis, quand la soupe fut sur la table, elle alla prévenir M. Omont.

— C'est servi, not'maître.

Il entra, s'assit, regarda autour de lui, déplia sa serviette, hésita une seconde, puis, d'une voix de tonnerre :

— Adélaïde !

Elle arriva, effarée. Il cria comme s'il allait la massacrer.

— Eh bien, nom de D... et té, ousqu'est ta place ?

— Mais... not'maître...

Il hurlait :

— J'aime pas manger tout seul, nom de D...; tu vas te mett'là, ou bien foutre le camp si tu n'veux pas. Va chercher t'n'assiette et ton verre.

Épouvantée, elle apporta son couvert en balbutiant :

— Me v'là, not'maître.

Et elle s'assit en face de lui.

Alors il devint jovial; il trinquait, tapait sur la table, racontait des histoires qu'elle écoutait les yeux baissés, sans oser prononcer un mot.

De temps en temps elle se levait pour aller chercher du pain, du cidre, des assiettes.

En apportant le café, elle ne déposa qu'une tasse devant lui; alors, repris de colère, il grogna :

— Eh bien, et pour té ?

— J'n'en prends point, not'maître.

— Pourquoi que tu n'en prends point ?

— Parce que je l'aime point.

Alors il éclata de nouveau :

— J'aime pas prend'mon café tout seul, nom de D... Si
tu n'veux pas t'mett'à en prendre itou, tu vas foutre le
camp, nom de D... Va chercher une tasse et plus vite que
ça.

Elle alla chercher une tasse, se rassit, goûta la noire
liqueur, fit la grimace; mais, sous l'œil furieux du maître,
avala jusqu'au bout. Puis il lui fallut boire le premier
verre d'eau-de-vie de la rincette, le second du pousse-
rincette, et le troisième du coup-de-pied-au-cul.

Et M. Omont la congédia.

— Va laver ta vaisselle maintenant, t'es une bonne fille.

Il en fut de même au dîner. Puis elle dut faire sa partie
de dominos; puis il l'envoya se mettre au lit.

— Va te coucher, je monterai tout à l'heure.

Et elle gagna sa chambre, une mansarde sous le toit.
Elle fit sa prière, se dévêtit et se glissa dans ses draps.

Mais soudain elle bondit, effarée. Un cri furieux faisait
trembler la maison.

— Adélaïde ?

Elle ouvrit sa porte et répondit de son grenier :

— Me v'là, not'maître.

— Ousque t'es ?

— Mais j'suis dans mon lit, donc, not'maître.

Alors il vociféra :

— Veux-tu bien descendre, nom de D... J'aime pas

coucher tout seul, nom de D..., et si tu n'veux point, tu vas me foutre le camp, nom de D...

Alors, elle répondit d'en haut, éperdue, cherchant sa chandelle :

— Me v'là, not'maître !

Et il entendit ses petits sabots découverts battre le sapin de l'escalier; et, quand elle fut arrivée aux dernières marches, il la prit par le bras, et dès qu'elle eut laissé devant la porte ses étroites chaussures de bois à côté des grosses galoches du maître, il la poussa dans sa chambre en grognant :

— Plus vite que ça, donc, nom de D...!

Et elle répétait sans cesse, ne sachant plus ce qu'elle disait :

— Me v'là, me v'là, not'maître.

Six mois après, comme elle allait voir ses parents, un dimanche, son père l'examina curieusement, puis demanda :

— T'es-ti point grosse ?

Elle restait stupide, regardant son ventre, répétant :

— Mais non, je n'crois point.

Alors, il l'interrogea, voulant tout savoir :

— Dis-mé si vous n'avez point, quéque soir, mêlé vos sabots ?

— Oui, je les ons mêlés l'premier soir et puis l's autres.

— Mais alors t'es pleine, grande futaille.

Elle se mit à sangloter, balbutiant :

— J'savais ti, mé ? J'savais ti, mé ?

Le père Malandain la guettait, l'œil éveillé, la mine satisfaite. Il demanda :

— Quéque tu ne savais point ?

Elle prononça, à travers ses pleurs :

— J'savais ti, mé, que ça se faisait comme ça, d's'éfants!

Sa mère rentrait. L'homme articula, sans colère :

— La v'là grosse, à c't'heure.

Mais la femme se fâcha, révoltée d'instinct, injuriant à pleine gueule sa fille en larmes, la traitant de « manante » et de « traînée ».

Alors le vieux la fit taire. Et comme il prenait sa casquette pour aller causer de leurs affaires avec maît'Césaire Omont, il déclara :

— All'est tout d'même encore pu sotte que j'aurais cru. All'n'savait point c'qu'all'faisait, c'te niente.

Au prône du dimanche suivant, le vieux curé publiait les bans de M. Onufre-Césaire Omont avec Céleste-Adélaïde Malandain.

# UN NORMAND

# UN NORMAND

*A Paul Alexis.*

Nous venions de sortir de Rouen et nous suivions au grand trot la route de Jumièges. La légère voiture filait, traversant les prairies; puis le cheval se mit au pas pour monter la côte de Canteleu.

C'est là un des horizons les plus magnifiques qui soient au monde. Derrière nous Rouen, la ville aux églises, aux clochers gothiques, travaillés comme des bibelots d'ivoire; en face, Saint-Sever, le faubourg aux manufactures, qui dresse ses mille cheminées fumantes sur le grand ciel vis-à-vis des mille clochetons sacrés de la vieille cité.

Ici la flèche de la cathédrale, le plus haut sommet des monuments humains; et là-bas, la « Pompe à feu » de la « Foudre », sa rivale presque aussi démesurée, et qui passe d'un mètre la plus géante des pyramides d'Égypte.

Devant nous la Seine se déroulait, ondulante, semée d'îles, bordée à droite de blanches falaises que couronnait une forêt, à gauche de prairies immenses qu'une autre forêt limitait, là-bas, tout là-bas.

De place en place, de grands navires à l'ancre le long des berges du large fleuve. Trois énormes vapeurs s'en allaient, à la queue leu leu, vers le Havre ; et un chapelet de bâtiments, formé d'un trois-mâts, de deux goélettes et d'un brick, remontait vers Rouen, traîné par un petit remorqueur vomissant un nuage de fumée noire.

Mon compagnon, né dans le pays, ne regardait même point ce surprenant paysage ; mais il souriait sans cesse ; il semblait rire en lui-même. Tout à coup, il éclata :

— Ah ! vous allez voir quelque chose de drôle ; la chapelle au père Mathieu. Ça, c'est du nanan, mon bon.

Je le regardai d'un œil étonné. Il reprit :

— Je vais vous faire sentir un fumet de Normandie qui vous restera dans le nez. Le père Mathieu est le plus beau Normand de la province et sa chapelle une des merveilles du monde, ni plus ni moins ; mais je vais vous donner d'abord quelques mots d'explication.

Le père Mathieu, qu'on appelle aussi le père « La Boisson », est un ancien sergent-major revenu dans son pays natal. Il unit en des proportions admirables pour faire un ensemble parfait la blague du vieux soldat à la malice finaude du Normand. De retour au pays, il est devenu, grâce à des protections multiples et à des habiletés invraisemblables, gardien d'une chapelle miraculeuse, une chapelle protégée par la Vierge et fréquentée principalement par les filles enceintes. Il a baptisé sa statue merveilleuse : « Notre-Dame du Gros-Ventre », et il la traite avec une certaine familiarité goguenarde qui n'exclut point le respect. Il a composé lui-même et fait imprimer une prière spéciale pour sa *Bonne Vierge*. Cette prière est un chef-d'œuvre d'ironie involontaire, d'esprit normand où la raillerie se mêle à la peur du *Saint*, à la peur superstitieuse de l'influence secrète de quelque chose. Il ne croit pas beaucoup à sa patronne; cependant il y croit un peu, par prudence, et il la ménage, par politique.

Voici le début de cette étonnante oraison :

« Notre bonne madame la Vierge Marie, patronne naturelle des filles-mères en ce pays et par toute la terre, protégez votre servante qui a fauté dans un moment d'oubli. »

Cette supplique se termine ainsi :

« Ne m'oubliez pas surtout auprès de votre saint Époux et intercédez auprès de Dieu le Père pour qu'il m'accorde un bon mari semblable au vôtre. »

Cette prière, interdite par le clergé de la contrée, est vendue par lui sous le manteau, et passe pour salutaire à celles qui la récitent avec onction.

En somme, il parle de la bonne Vierge, comme faisait de son maître le valet de chambre d'un prince redouté, confident de tous les petits secrets intimes. Il sait sur son compte une foule d'histoires amusantes, qu'il dit tout bas, entre amis, après boire.

Mais vous verrez par vous-même.

Comme les revenus fournis par la Patronne ne lui semblaient point suffisants, il a annexé à la Vierge principale un petit commerce de Saints. Il les tient tous ou presque tous. La place manquant dans la chapelle, il les a emmagasinés au bûcher, d'où il les sort sitôt qu'un fidèle les demande. Il a façonné lui-même ces statuettes de bois, invraisemblablement comiques, et les a peintes toutes en vert à pleine couleur, une année qu'on badigeonnait sa maison. Vous savez que les Saints guérissent les maladies ; mais chacun a sa spécialité ; et il ne faut pas commettre de confusion ni d'erreurs. Ils sont jaloux les uns des autres comme des cabotins.

Pour ne pas se tromper, les vieilles bonnes femmes viennent consulter Mathieu.

« Pour les maux d'oreilles, qué saint qu'est l'meilleur ? — Mais y a saint Osyme qu'est bon ; y a aussi saint Pamphile qu'est pas mauvais. »

Ce n'est pas tout.

Comme Mathieu a du temps de reste, il boit ; mais il boit en artiste, en convaincu, si bien qu'il est gris régulièrement tous les soirs. Il est gris, mais il le sait ; il le sait si bien qu'il note, chaque jour, le degré exact de son ivresse. C'est là sa principale occupation ; la chapelle ne vient qu'après.

Et il a inventé, — écoutez bien et cramponnez-vous, — il a inventé le saoulomètre.

L'instrument n'existe pas, mais les observations de Mathieu sont aussi précises que celles d'un mathématicien.

Vous l'entendez dire sans cesse : « D'puis lundi, j'ai passé quarante-cinq. »

Ou bien : « J'étais entre cinquante-deux et cinquante-huit. »

Ou bien : « J'en avais bien soixante-six à soixante-dix. »

Ou bien : « Cré coquin, je me croyais dans les cinquante, v'là que j'm'aperçois qu'j'étais dans les soixante-quinze ! »

Jamais il ne se trompe.

Il affirme n'avoir pas atteint le mètre, mais comme il avoue que ses observations cessent d'être précises quand il a passé quatre-vingt-dix, on ne peut se fier absolument à son affirmation.

Quand Mathieu reconnaît avoir passé quatre-vingt-dix, soyez tranquille, il est crânement gris.

Dans ces occasions-là, sa femme, Mélie, une autre merveille, se met en des colères folles. Elle l'attend sur sa porte, quand il rentre, et elle hurle : « Te voilà, salaud, cochon, bougre d'ivrogne ! »

Alors Mathieu, qui ne rit plus, se campe en face d'elle, et, d'un ton sévère : « Tais-toi, Mélie, c'est pas le moment de causer. Attends à d'main. »

Si elle continue à vociférer, il s'approche et, la voix tremblante : « Gueule plus ; j'suis dans les quatre-vingt-dix ; je n'mesure plus ; j'vas cogner, prends garde ! »

Alors, Mélie bat en retraite.

Si elle veut, le lendemain, revenir sur ce sujet, il lui rit au nez et répond : « Allons, allons ! assez causé ; c'est passé. Tant qu'j'aurai pas atteint le mètre, y a pas de mal. Mais, si j'passe le mètre, j'te permets de m'corriger, ma parole ! »

Nous avions gagné le sommet de la côte. La route s'enfonçait dans l'admirable forêt de Roumare.

L'automne, l'automne merveilleux, mêlait son or et sa pourpre aux dernières verdures restées vives, comme si des gouttes de soleil fondu avaient coulé du ciel dans l'épaisseur des bois.

On traversa Duclair ; puis, au lieu de continuer sur Jumièges, mon ami tourna vers la gauche, et, prenant un chemin de traverse, s'enfonça dans le taillis.

Et bientôt, du sommet d'une grande côte nous découvrions de nouveau la magnifique vallée de la Seine et le fleuve tortueux s'allongeant à nos pieds.

Sur la droite, un tout petit bâtiment couvert d'ardoises

et surmonté d'un clocher haut comme une ombrelle
s'adossait contre une jolie maison aux persiennes vertes,
toute vêtue de chèvrefeuilles et de rosiers.

Une grosse voix cria : « V'là des amis ! » Et Mathieu
parut sur le seuil. C'était un homme de soixante ans,
maigre, portant la barbiche et de longues moustaches
blanches.

Mon compagnon lui serra la main, me présenta, et
Mathieu nous fit entrer dans une fraîche cuisine qui lui
servait aussi de salle. Il disait :

— Moi, Monsieur, j'n'ai pas d'appartement distingué.
J'aime bien à n'point m'éloigner du fricot. Les casseroles,
voyez-vous, ça tient compagnie.

Puis, se tournant vers mon ami :

— Pourquoi venez-vous un jeudi ? Vous savez bien que
c'est jour de consultation d'ma Patronne. J'peux pas sortir
c't'après-midi.

Et, courant à la porte, il poussa un effroyable beugle-
ment : « Méli-e-e ! » qui dut faire lever la tête aux matelots
des navires qui descendaient ou remontaient le fleuve,
là-bas, tout au fond de la creuse vallée.

Mélie ne répondit point.

Alors Mathieu cligna de l'œil avec malice.

— A n'est pas contente après moi, voyez-vous, parce
qu'hier je m'suis trouvé dans les quatre-vingt-dix.

Mon voisin se mit à rire :

— Dans les quatre-vingt-dix, Mathieu ! Comment avez-
vous fait ?

Mathieu répondit :

— J'vas vous dire. J'n'ai trouvé, l'an dernier, qu'vingt
rasières d'pommes d'abricot. Y n'y en a pu ; mais, pour
faire du cidre, y n'y a qu'ça. Donc j'en fis une pièce que j'

mis hier en perce. Pour du nectar, c'est du nectar ; vous m'en direz des nouvelles. J'avais ici Polyte ; j'nous mettons à boire un coup, et puis encore un coup, sans s'rassasier (on en boirait jusqu'à d'main), si bien que, d'coup en coup, je m'sens une fraîcheur dans l'estomac. J'dis à Polyte : « Si on buvait un verre de fine pour se réchauffer ! » Y consent. Mais c'te fine, ça vous met l'feu dans le corps, si bien qu'il a fallu r'venir au cidre. Mais v'là que d'fraîcheur en chaleur et d'chaleur en fraîcheur, j'm'aperçois que j'suis dans les quatre-vingt-dix. Polyte était pas loin du mètre.

La porte s'ouvrit. Mélie parut, et tout de suite avant de nous avoir dit bonjour :

— ... Cré cochon, vous aviez bien l'mètre tous les deux.

Alors Mathieu se fâcha :

— Dis pas ça, Mélie, dis pas ça ; j'ai jamais été au mètre.

On nous fit un déjeuner exquis, devant la porte, sous deux tilleuls, à côté de la petite chapelle de « Notre-Dame du Gros-Ventre » et en face de l'immense paysage. Et Mathieu nous raconta, avec raillerie mêlée de crédulité inattendue, d'invraisemblables histoires de miracles.

Nous avions bu beaucoup de cidre adorable, piquant et sucré, frais et grisant, qu'il préférait à tous les liquides, et nous fumions nos pipes, à cheval sur nos chaises, quand deux bonnes femmes se présentèrent.

Elles étaient vieilles, sèches, courbées. Après avoir salué, elles demandèrent saint Blanc. Mathieu cligna de l'œil vers nous et répondit :

— J'vas vous donner ça.

Et il disparut dans son bûcher.

Il y resta bien cinq minutes ; puis il revint avec une figure consternée. Il levait les bras :

— J'sais pas oùs qu'il est, je l'trouve pu ; j'suis pourtant sûr que je l'avais.

Alors, faisant de ses mains un porte-voix, il mugit de nouveau : « Méli-e-e ! » Du fond de la cour sa femme répondit :

— Qué qu'y a ?

— Ousqu'il est saint Blanc ? Je l'trouve pu dans l'bûcher.

Alors, Mélie jeta cette explication :

— C'est-y pas celui qu't'as pris l'aut'e semaine pour boucher l'trou d'la cabane à lapins ?

Mathieu tressaillit :

— Nom d'un tonnerre, ça s'peut bien !

Alors il dit aux femmes :

— Suivez-moi.

Elles suivirent. Nous en fîmes autant, malades de rires étouffés.

En effet, saint Blanc, piqué en terre comme un simple pieu, maculé de boue et d'ordures, servait d'angle à la cabane à lapins.

Dès qu'elles l'aperçurent, les deux bonnes femmes tombèrent à genoux, se signèrent et se mirent à murmurer des *Oremus*. Mais Mathieu se précipita :

— Attendez, vous v'là dans la crotte ; j'vas vous donner une botte de paille.

Il alla chercher la paille et leur en fit un prie-Dieu. Puis, considérant son saint fangeux, et, craignant sans doute un discrédit pour son commerce, il ajouta :

— J'vas vous l'débrouiller un brin.

Il prit un seau d'eau, une brosse et se mit à laver vigoureusement le bonhomme de bois, pendant que les deux vieilles priaient toujours.

Puis, quand il eut fini, il ajouta :

— Maintenant il n'y a plus d'mal.

Et il nous ramena boire un coup.

Comme il portait le verre à sa bouche, il s'arrêta, et, d'un air un peu confus :

— C'est égal, quand j'ai mis saint Blanc aux lapins, j'croyais bien qu'i n'f'rait pu d'argent. Y avait deux ans qu'on n'le d'mandait plus. Mais les saints, voyez-vous, ça n'passe jamais.

Il but et reprit.

— Allons, buvons encore un coup. Avec des amis y n'faut pas y aller à moins d'cinquante ; et j'n'en sommes seulement pas à trente-huit.

# AUX CHAMPS

# AUX CHAMPS

*A Octave Mirbeau.*

Les deux chaumières étaient côte à côte, au pied d'une colline, proches d'une petite ville de bains. Les deux paysans besognaient dur sur la terre inféconde pour élever tous leurs petits. Chaque ménage en avait quatre. Devant les deux portes voisines, toute la marmaille grouillait du matin au soir. Les deux aînés avaient six ans et les deux cadets quinze mois environ ; les mariages, et ensuite les naissances, s'étaient produits à peu près simultanément dans l'une et l'autre maison.

Les deux mères distinguaient à peine leurs produits dans le tas ; et les deux pères confondaient tout à fait. Les huit noms dansaient dans leur tête, se mêlaient sans cesse ; et, quand il fallait en appeler un, les hommes souvent en criaient trois avant d'arriver au véritable.

La première des deux demeures, en venant de la station d'eaux de Rolleport, était occupée par les Tuvache, qui avaient trois filles et un garçon ; l'autre masure abritait les Vallin, qui avaient une fille et trois garçons.

Tout cela vivait péniblement de soupe, de pommes de terre et de grand air. A sept heures, le matin, puis à midi, puis à six heures, le soir, les ménagères réunissaient leurs mioches pour donner la pâtée, comme des gardeurs d'oies assemblent leurs bêtes. Les enfants étaient assis, par rang d'âge, devant la table en bois, vernie par cinquante ans d'usage. Le dernier moutard avait à peine la bouche au niveau de la planche. On posait devant eux l'assiette creuse pleine de pain molli dans l'eau où avaient cuit les pommes de terre, un demi-chou et trois oignons; et toute la lignée mangeait jusqu'à plus faim. La mère empâtait elle-même le petit. Un peu de viande au pot-au-feu, le dimanche, était une fête pour tous; et le père, ce jour-là, s'attardait au repas en répétant : « Je m'y ferais bien tous les jours. »

Par un après-midi du mois d'août, une légère voiture s'arrêta brusquement devant les deux chaumières, et une jeune femme, qui conduisait elle-même, dit au monsieur assis à côté d'elle :

— Oh ! regarde, Henri, ce tas d'enfants ! Sont-ils jolis, comme ça, à grouiller dans la poussière.

L'homme ne répondit rien, accoutumé à ces admirations qui étaient une douleur et presque un reproche pour lui.

La jeune femme reprit :

— Il faut que je les embrasse ! Oh ! comme je voudrais en avoir un, celui-là, le tout petit.

Et, sautant de la voiture, elle courut aux enfants, prit un des deux derniers, celui des Tuvache, et, l'enlevant dans ses bras, elle le baisa passionnément sur ses joues sales, sur ses cheveux blonds frisés et pommadés de terre, sur ses menottes qu'il agitait pour se débarrasser des caresses ennuyeuses.

Puis elle remonta dans sa voiture et partit au grand trot. Mais elle revint la semaine suivante, s'assit elle-même par terre, prit le moutard dans ses bras, le bourra de gâteaux, donna des bonbons à tous les autres; et joua avec eux comme une gamine, tandis que son mari attendait patiemment dans sa frêle voiture.

Elle revint encore, fit connaissance avec les parents, reparut tous les jours, les poches pleines de friandises et de sous.

Elle s'appelait M<sup>me</sup> Henri d'Hubières.

Un matin, en arrivant, son mari descendit avec elle; et, sans s'arrêter aux mioches, qui la connaissaient bien maintenant, elle pénétra dans la demeure des paysans.

Ils étaient là, en train de fendre du bois pour la soupe : ils se redressèrent tout surpris, donnèrent des chaises et attendirent. Alors la jeune femme, d'une voix entrecoupée, tremblante, commença :

— Mes braves gens, je viens vous trouver parce que je voudrais bien... je voudrais bien emmener avec moi votre... votre petit garçon...

Les campagnards, stupéfaits et sans idée, ne répondirent pas.

Elle reprit haleine et continua.

— Nous n'avons pas d'enfants; nous sommes seuls, mon mari et moi... Nous le garderions... voulez-vous ?

La paysanne commençait à comprendre. Elle demanda :

— Vous voulez nous prend'e Charlot ? Ah ben non, pour sûr.

Alors M. d'Hubières intervint :

— Ma femme s'est mal expliquée. Nous voulons l'adopter, mais il reviendra vous voir. S'il tourne bien, comme tout porte à le croire, il sera notre héritier. Si nous avions, par hasard, des enfants, il partagerait également avec eux. Mais s'il ne répondait pas à nos soins, nous lui donnerions, à sa majorité, une somme de vingt mille francs, qui sera immédiatement déposée en son nom chez un notaire. Et, comme on a aussi pensé à vous, on vous servira jusqu'à votre mort une rente de cent francs par mois. Avez-vous bien compris ?

La fermière s'était levée, toute furieuse.

— Vous voulez que j'vous vendions Charlot ? Ah ! mais non ; c'est pas des choses qu'on d'mande à une mère, ça ! Ah ! mais non ! Ce serait une abomination.

L'homme ne disait rien, grave et réfléchi ; mais il approuvait sa femme d'un mouvement continu de la tête.

M^me d'Hubières, éperdue, se mit à pleurer, et, se tournant vers son mari, avec une voix pleine de sanglots, une voix d'enfant dont tous les désirs ordinaires sont satisfaits, elle balbutia :

— Ils ne veulent pas, Henri, ils ne veulent pas !

Alors ils firent une dernière tentative.

— Mais, mes amis, songez à l'avenir de votre enfant, à son bonheur, à...

La paysanne, exaspérée, lui coupa la parole :

— C'est tout vu, c'est tout entendu, c'est tout réfléchi... Allez-vous-en, et pi, que j'vous revoie point par ici. C'est-i permis d'vouloir prendre un éfant comme ça !

Alors, M^me d'Hubières, en sortant, s'avisa qu'ils étaient deux tout petits, et elle demanda à travers ses larmes, avec une ténacité de femme volontaire et gâtée, qui ne veut jamais attendre :

— Mais l'autre petit n'est pas à vous ?

Le père Tuvache répondit :

— Non, c'est aux voisins ; vous pouvez y aller si vous voulez.

Et il rentra dans sa maison, où retentissait la voix indignée de sa femme.

Les Vallin étaient à table, en train de manger avec lenteur des tranches de pain qu'ils frottaient parcimonieusement avec un peu de beurre piqué au couteau, dans une assiette entre eux deux.

M. d'Hubières recommença ses propositions, mais avec plus d'insinuations, de précautions oratoires, d'astuce.

Les deux ruraux hochaient la tête en signe de refus ; mais quand ils apprirent qu'ils auraient cent francs par mois, ils se considérèrent, se consultant de l'œil, très ébranlés.

Ils gardèrent longtemps le silence, torturés, hésitants. La femme enfin demanda :

— Qué qu't'en dis, l'homme ?

Il prononça d'un ton sentencieux :

— J'dis qu'c'est point méprisable.

Alors M<sup>me</sup> d'Hubières, qui tremblait d'angoisse, leur parla de l'avenir du petit, de son bonheur, et de tout l'argent qu'il pourrait leur donner plus tard.

Le paysan demanda :

— C'te rente de douze cents francs, ce s'ra promis d'vant l'notaire ?

M. d'Hubières répondit :

— Mais certainement, dès demain.

La fermière, qui méditait, reprit :

— Cent francs par mois, c'est point suffisant pour nous priver du p'tit ; ça travaillera dans quéque'z'ans c't'éfant ; i'nous faut cent vingt francs.

M^me d'Hubières, trépignant d'impatience, les accorda tout de suite ; et, comme elle voulait enlever l'enfant, elle donna cent francs en cadeau pendant que son mari faisait un écrit. Le maire et un voisin, appelés aussitôt, servirent de témoins complaisants.

Et la jeune femme, radieuse, emporta le marmot hurlant, comme on emporte un bibelot désiré d'un magasin.

Les Tuvache, sur leur porte, le regardaient partir, muets, sévères, regrettant peut-être leur refus.

On n'entendit plus du tout parler du petit Jean Vallin. Les parents, chaque mois, allaient toucher leurs cent vingt francs chez le notaire ; et ils étaient fâchés avec leurs voisins parce que la mère Tuvache les agonisait d'ignominies, répétant sans cesse de porte en porte qu'il fallait être dénaturé pour vendre son enfant, que c'était une horreur, une saleté, une corromperie.

Et parfois elle prenait en ses bras son Charlot avec ostentation, lui criant, comme s'il eût compris : « J't'ai pas vendu, mé, j't'ai pas vendu, mon p'tiot. J'vends pas m's'éfants, mé. J'sieus pas riche, mais vends pas m's'éfants. »

Et, pendant des années et encore des années, ce fut ainsi chaque jour des allusions grossières qui étaient vociférées devant la porte, de façon à entrer dans la maison voisine. La mère Tuvache avait fini par se croire supérieure à toute la contrée parce qu'elle n'avait pas vendu Charlot. Et ceux qui parlaient d'elle disaient : « J'sais ben que c'était engageant, c'est égal, elle s'a conduite comme une bonne mère. »

On la citait ; et Charlot, qui prenait dix-huit ans, élevé dans cette idée qu'on lui répétait sans répit, se jugeait lui-même supérieur à ses camarades, parce qu'on ne l'avait pas vendu.

Les Vallin vivotaient à leur aise, grâce à la pension. La fureur inapaisable des Tuvache, restés misérables, venait de là.

Leur fils aîné partit au service. Le second mourut ; Charlot resta seul à peiner avec le vieux père pour nourrir la mère et deux autres sœurs cadettes qu'il avait.

Il prenait vingt-et-un ans, quand, un matin, une brillante voiture s'arrêta devant les deux chaumières. Un jeune monsieur, avec une chaîne de montre en or, descendit, donnant la main à une vieille dame en cheveux blancs. La vieille dame lui dit :

— C'est là, mon enfant, à la seconde maison.

Et il entra comme chez lui dans la masure des Vallin.

La vieille mère lavait ses tabliers ; le père, infirme, sommeillait près de l'âtre. Tous deux levèrent la tête, et le jeune homme dit :

— Bonjour, papa ; bonjour, maman.

Ils se dressèrent, effarés. La paysanne laissa tomber d'émoi son savon dans son eau et balbutia :

— C'est-i té, m'n'éfant ? C'est-i té, m'n'éfant ?

Il la prit dans ses bras et l'embrassa, en répétant : « Bonjour, maman. » Tandis que le vieux, tout tremblant, disait, de son ton calme qu'il ne perdait jamais : « Te v'là-t'i revenu, Jean ? » Comme s'il l'avait vu un mois auparavant.

Et, quand il se furent reconnus, les parents voulurent tout de suite sortir le fieu dans le pays pour le montrer. On le conduisit chez le maire, chez l'adjoint, chez le curé, chez l'instituteur.

Charlot, debout sur le seuil de sa chaumière, le regardait passer.

Le soir, au souper, il dit aux vieux :

— Faut-i qu'vous ayez été sots pour laisser prendre le p'tit aux Vallin !

Sa mère répondit obstinément :

— J'voulions point vendre not'éfant !

Le père ne disait rien.

Le fils reprit :

— C'est-i pas malheureux d'être sacrifié comme ça !

Alors le père Tuvache articula d'un ton coléreux :

— Vas-tu pas nous r'procher d't'avoir gardé ?

Et le jeune homme, brutalement :

— Oui, j'vous le r'proche, que vous n'êtes que des niants. Des parents comme vous, ça fait l'malheur des éfants. Qu'vous mériteriez que j'vous quitte.

La bonne femme pleurait dans son assiette. Elle gémit tout en avalant des cuillerées de soupe dont elle répandait la moitié :

— Tuez-vous donc pour élever d's'éfants !

Alors le gars, rudement :

— J'aimerais mieux n'être point né que d'être c'que j'suis. Quand j'ai vu l'autre, tantôt, mon sang n'a fait qu'un tour. Je m'suis dit : v'là c'que j'serais maintenant !

Il se leva.

— Tenez, j'sens bien que je ferai mieux de n'pas rester ici, parce que j'vous le reprocherais du matin au soir, et que j'vous ferais une vie d'misère. Ça, voyez-vous, j'vous l'pardonnerai jamais !

Les deux vieux se taisaient, atterrés, larmoyants.

Il reprit :

— Non, c't'idée-là, ce serait trop dur. J'aime mieux m'en aller chercher ma vie aut'part !

Il ouvrit la porte. Un bruit de voix entra. Les Vallin festoyaient avec l'enfant revenu.

Alors Charlot tapa du pied et, se tournant vers ses parents, cria :

— Manants, va !

Et il disparut dans la nuit.

# LA FICELLE

# LA FICELLE

*A Harry Alis.*

Sur toutes les routes autour de Goderville, les paysans et leurs femmes s'en venaient vers le bourg ; car c'était jour de marché. Les mâles allaient, à pas tranquilles, tout le corps en avant à chaque mouvement de leurs longues jambes torses, déformées par les rudes travaux, par la pesée sur la charrue qui fait en même temps monter l'épaule gauche et dévier la taille, par le fauchage des blés qui fait écarter les genoux pour prendre un aplomb solide, par toutes les besognes lentes et pénibles de la campagne. Leur blouse bleue, empesée, brillante, comme vernie, ornée au col et aux poignets d'un petit dessin de fil blanc, gonflée autour de leur torse osseux, semblait un ballon prêt à s'envoler, d'où sortaient une tête, deux bras et deux pieds.

Les uns tiraient au bout d'une corde une vache, un veau. Et leurs femmes, derrière l'animal, lui fouettaient les reins d'une branche encore garnie de feuilles, pour hâter sa marche. Elles portaient au bras de larges paniers d'où sortaient des têtes de poulets par-ci, des têtes de canards par-là. Et elles marchaient d'un pas plus court et plus vif que leurs hommes, la taille sèche, droite et drapée dans un petit châle étriqué, épinglé sur leur poitrine plate, la tête enveloppée d'un linge blanc collé sur les cheveux et surmontée d'un bonnet.

Puis, un char à bancs passait, au trot saccadé d'un bidet, secouant étrangement deux hommes assis côte à côte et une femme dans le fond du véhicule, dont elle tenait le bord pour atténuer les durs cahots.

Sur la place de Goderville, c'était une foule, une cohue d'humains et de bêtes mélangés. Les cornes des bœufs, les hauts chapeaux à longs poils des paysans riches et les coiffes des paysannes émergeaient à la surface de l'assemblée. Et les voix criardes, aiguës, glapissantes, formaient une clameur continue et sauvage que dominait parfois un grand éclat poussé par la robuste poitrine d'un campagnard en gaieté, ou le long meuglement d'une vache attachée au mur d'une maison.

Tout cela sentait l'étable, le lait et le fumier, le foin et la sueur, dégageait cette saveur aigre, affreuse, humaine et bestiale, particulière aux gens des champs.

Maître Hauchecorne, de Bréauté, venait d'arriver à Goderville, et il se dirigeait vers la place, quand il aperçut par terre un petit bout de ficelle. Maître Hauchecorne, économe en vrai Normand, pensa que tout était bon à ramasser qui peut servir; et il se baissa péniblement, car il souffrait de rhumatismes. Il prit, par terre, le morceau de corde mince, et il se disposait à le rouler avec soin, quand il remarqua, sur le seuil de sa porte, maître Malandain, le bourrelier, qui le regardait. Ils avaient eu des affaires ensemble au sujet d'un licol, autrefois, et ils étaient restés fâchés, étant rancuniers tous deux. Maître Hauchecorne fut pris d'une sorte de honte d'être vu ainsi, par son ennemi, cherchant dans la crotte un bout de ficelle. Il cacha brusquement sa trouvaille sous sa blouse, puis dans la poche de sa culotte; puis il fit semblant de chercher encore par terre quelque chose qu'il ne trouvait point, et il s'en alla vers le marché, la tête en avant, courbé en deux par ses douleurs.

Il se perdit aussitôt dans la foule criarde et lente, agitée par les interminables marchandages. Les paysans tâtaient les vaches, s'en allaient, revenaient, perplexes, toujours dans la crainte d'être mis dedans, n'osant jamais se décider, épiant l'œil du vendeur, cherchant sans fin à découvrir la ruse de l'homme et le défaut de la bête.

Les femmes, ayant posé à leurs pieds leurs grands paniers, en avaient tiré leurs volailles qui gisaient par terre, liées par les pattes, l'œil effaré, la crête écarlate.

Elles écoutaient les propositions, maintenaient leurs prix, l'air sec, le visage impassible, ou bien tout à coup, se décidant au rabais proposé, criaient au client qui s'éloignait lentement :

— C'est dit, maît'Anthime. J'vous l'donne.

Puis, peu à peu, la place se dépeupla, et l'angélus sonnant midi, ceux qui demeuraient trop loin se répandirent dans les auberges.

Chez Jourdain, la grande salle était pleine de mangeurs, comme la vaste cour était pleine de véhicules de toute race, charrettes, cabriolets, chars à bancs, tilburys, carrioles innommables, jaunes de crotte, déformées, rapiécées, levant au ciel, comme deux bras, leurs brancards, ou bien le nez par terre et le derrière en l'air.

105

Tout contre les dîneurs attablés, l'immense cheminée, pleine de flamme claire, jetait une chaleur vive dans le dos de la rangée de droite. Trois broches tournaient, chargées de poulets, de pigeons et de gigots ; et une délectable odeur de viande rôtie et de jus ruisselant sur la peau rissolée, s'envolait de l'âtre, allumait les gaietés, mouillait les bouches.

Toute l'aristocratie de la charrue mangeait là, chez maît'Jourdain, aubergiste et maquignon, un malin qui avait des écus.

Les plats passaient, se vidaient comme les brocs de cidre jaune. Chacun racontait ses affaires, ses achats et ses ventes. On prenait des nouvelles des récoltes. Le temps était bon pour les verts, mais un peu mucre pour les blés.

Tout à coup, le tambour roula, dans la cour, devant la maison. Tout le monde aussitôt fut debout, sauf quelques indifférents, et on courut à la porte, aux fenêtres, la bouche encore pleine et la serviette à la main.

Après qu'il eut terminé son roulement, le crieur public lança d'une voix saccadée, scandant ses phrases à contretemps :

— Il est fait assavoir aux habitants de Goderville, et en général à toutes — les personnes présentes au marché, qu'il a été perdu ce matin, sur la route de Beuzeville, entre — neuf heures et dix heures, un portefeuille en cuir noir, contenant cinq cents francs et des papiers d'affaires. On est prié de le rapporter — à la mairie, incontinent, ou chez maître Fortuné Houlbrèque, de Manneville. Il y aura vingt francs de récompense.

Puis l'homme s'en alla. On entendit encore une fois au loin des battements sourds de l'instrument et la voix affaiblie du crieur.

Alors on se mit à parler de cet événement, en énumérant les chances qu'avait maître Houlbrèque de retrouver ou de ne pas retrouver son portefeuille.

Et le repas s'acheva.

On finissait le café, quand le brigadier de gendarmerie parut sur le seuil.

Il demanda :

— Maître Hauchecorne, de Bréauté, est-il ici ?

Maître Hauchecorne, assis à l'autre bout de la table, répondit :

— Me v'là.

Et le brigadier reprit :

— Maître Hauchecorne, voulez-vous avoir la complaisance de m'accompagner à la mairie. M. le maire voudrait vous parler.

Le paysan, surpris, inquiet, avala d'un coup son petit verre, se leva et, plus courbé encore que le matin, car les premiers pas après chaque repos étaient particulièrement difficiles, il se mit en route en répétant :

— Me v'là, me v'là.

Et il suivit le brigadier.

Le maire l'attendait, assis dans un fauteuil. C'était le notaire de l'endroit, homme gros, grave, à phrases pompeuses.

— Maître Hauchecorne, dit-il, on vous a vu ce matin ramasser, sur la route de Beuzeville, le portefeuille perdu par maître Houlbrèque, de Manneville.

Le campagnard, interdit, regardait le maire, apeuré déjà par ce soupçon qui pesait sur lui, sans qu'il comprît pourquoi.

— Mé, mé, j'ai ramassé çu portafeuille ?

— Oui, vous-même.

— Parole d'honneur, je n'en ai seulement point eu connaissance.

— On vous a vu.

— On m'a vu, mé ? Qui ça qui m'a vu ?

— M. Malandain, le bourrelier.

Alors le vieux se rappela, comprit et, rougissant de colère :

— Ah ! i m'a vu, çu manant ! I m'a vu ramasser c'te ficelle-là, tenez, m'sieu le maire.

Et, fouillant au fond de sa poche, il en retira le petit bout de corde.

Mais le maire, incrédule, remuait la tête.

— Vous ne me ferez pas accroire, maître Hauchecorne, que M. Malandain, qui est un homme digne de foi, a pris ce fil pour un portefeuille.

Le paysan, furieux, leva la main, cracha de côté pour attester son honneur, répétant :

— C'est pourtant la vérité du bon Dieu, la sainte vérité, m'sieu le maire. Là, sur mon âme et mon salut, je l'répète.

Le maire reprit :

— Après avoir ramassé l'objet, vous avez même encore cherché longtemps dans la boue, si quelque pièce de monnaie ne s'en était pas échappée.

Le bonhomme suffoquait d'indignation et de peur.

— Si on peut dire !... si on peut dire... des menteries comme ça pour dénaturer un honnête homme ! Si on peut dire !...

Il eut beau protester, on ne le crut pas.

Il fut confronté avec M. Malandain, qui répéta et soutint son affirmation. Ils s'injurièrent une heure durant. On fouilla, sur sa demande, maître Hauchecorne. On ne trouva rien sur lui.

Enfin, le maire, fort perplexe, le renvoya, en le prévenant qu'il allait aviser le parquet et demander des ordres.

La nouvelle s'était répandue. A sa sortie de la mairie, le vieux fut entouré, interrogé avec une curiosité sérieuse ou goguenarde, mais où n'entrait aucune indignation. Et il se mit à raconter l'histoire de la ficelle. On ne le crut pas. On riait.

Il allait, arrêté par tous, arrêtant ses connaissances, recommençant sans fin son récit et ses protestations, montrant ses poches retournées, pour prouver qu'il n'avait rien.

On lui disait :

— Vieux malin, va !

Et il se fâchait, s'exaspérant, enfiévré, désolé de n'être pas cru, ne sachant que faire, et contant toujours son histoire.

La nuit vint. Il fallait partir. Il se mit en route avec trois voisins à qui il montra la place où il avait ramassé le bout de corde; et tout le long du chemin il parla de son aventure.

Le soir, il fit une tournée dans le village de Bréauté, afin de la dire à tout le monde. Il ne rencontra que des incrédules.

Il en fut malade toute la nuit.

Le lendemain, vers une heure de l'après-midi, Marius Paumelle, valet de ferme de maître Breton, cultivateur à Ymauville, rendait le portefeuille et son contenu à maître Houlbrèque, de Manneville.

Cet homme prétendait avoir, en effet, trouvé l'objet sur la route; mais, ne sachant pas lire, il l'avait rapporté à la maison et donné à son patron.

La nouvelle se répandit aux environs. Maître Hauchecorne en fut informé. Il se mit aussitôt en tournée et
commença à narrer son histoire complétée du dénoue-
ment. Il triomphait.

— C'qui m'faisait deuil, disait-il, c'est point tant la
chose, comprenez-vous; mais c'est la menterie. Y a rien
qui vous nuit comme d'être en réprobation pour une menterie.

Tout le jour il parlait de son aventure, il la contait sur
les routes aux gens qui passaient, au cabaret aux gens
qui buvaient, à la sortie de l'église le dimanche suivant.
Il arrêtait des inconnus pour la leur dire. Maintenant, il
était tranquille, et pourtant quelque chose le gênait sans
qu'il sût au juste ce que c'était. On avait l'air de plaisan-
ter en l'écoutant. On ne paraissait pas convaincu. Il lui
semblait sentir des propos derrière son dos.

Le mardi de l'autre semaine, il se rendit au marché de
Goderville, uniquement poussé par le besoin de conter
son cas.

Malandain, debout sur sa porte, se mit à rire en le
voyant passer. Pourquoi ?

Il aborda un fermier de Criquetot, qui ne le laissa pas
achever et, lui jetant une tape dans le creux de son ventre,
lui cria par la figure : « Gros malin, va ! » Puis lui tourna
les talons.

Maître Hauchecorne demeura interdit et de plus en
plus inquiet. Pourquoi l'avait-on appelé « gros malin ? »

Quand il fut assis à table, dans l'auberge de Jourdain,
il se mit à expliquer l'affaire.

Un maquignon de Montivilliers lui cria :

— Allons, allons, vieille pratique, je la connais, ta ficelle !

Hauchecorne balbutia :

— Puisqu'on l'a retrouvé çu portafeuille !

Mais l'autre reprit :

— Tais-té, mon pé, y en a un qui trouve, et y en a un qui r'porte. Ni vu ni connu, je t'embrouille.

Le paysan resta suffoqué. Il comprenait enfin. On l'accusait d'avoir fait reporter le portefeuille par un compère, par un complice.

Il voulut protester. Toute la table se mit à rire.

Il ne put achever son dîner et s'en alla, au milieu des moqueries.

Il rentra chez lui, honteux et indigné, étranglé par la colère, par la confusion, d'autant plus atterré qu'il était capable, avec sa finauderie de Normand, de faire ce dont on l'accusait, et même de s'en vanter comme d'un bon tour. Son innocence lui apparaissait confusément comme impossible à prouver, sa malice étant connue. Et il se sentait frappé au cœur par l'injustice du soupçon.

Alors il recommença à conter l'aventure, en allongeant chaque jour son récit, ajoutant chaque fois des raisons nouvelles, des protestations plus énergiques, des serments plus solennels qu'il imaginait, qu'il préparait dans ses heures de solitude, l'esprit uniquement occupé de l'histoire de la ficelle. On le croyait d'autant moins que sa défense était plus compliquée et son argumentation plus subtile.

— Ça, c'est des raisons d'menteux, disait-on derrière son dos.

Il le sentait, se rongeait les sangs, s'épuisait en efforts inutiles.

Il dépérissait à vue d'œil.

Les plaisants maintenant lui faisaient conter « La Ficelle » pour s'amuser, comme on fait conter sa bataille au soldat qui a fait campagne. Son esprit, atteint à fond, s'affaiblissait.

Vers la fin de décembre, il s'alita.

Il mourut dans les premiers jours de janvier, et, dans le délire de l'agonie, il attestait son innocence, répétant :

— Une 'tite ficelle... une 'tite ficelle... t'nez, la voilà, m'sieu le maire.

# BOITELLE

# BOITELLE

*A Robert Pinchon.*

Le père Boitelle (Antoine) avait, dans tout le pays, la spécialité des besognes malpropres. Toutes les fois qu'on avait à faire nettoyer une fosse, un fumier, un puisard, à curer un égout, un trou de fange quelconque, c'était lui qu'on allait chercher.

Il s'en venait avec ses instruments de vidangeur et ses sabots enduits de crasse, et se mettait à sa besogne en geignant sans cesse sur son métier. Quand on lui demandait alors pourquoi il faisait cet ouvrage répugnant, il répondait avec résignation :

— Pardi, c'est pour mes éfants qu'il faut nourrir. Ça rapporte plus qu'autre chose.

Il avait, en effet, quatorze enfants. Si on s'informait de ce qu'ils étaient devenus, il disait avec un air d'indifférence :

— N'en reste huit à la maison. Y en a un au service et cinq mariés.

Quand on voulait savoir s'ils étaient bien mariés, il reprenait avec vivacité :

— Je les ai pas opposés. Je les ai opposés en rien. Ils ont marié comme ils ont voulu. Faut pas opposer les goûts, ça tourne mal. Si je suis ordureux, mé, c'est que mes parents m'ont opposé dans mes goûts. Sans ça, j'aurais devenu un ouvrier comme les autres.

Voici en quoi ses parents l'avaient contrarié dans ses goûts.

Il était alors soldat, faisant son temps au Havre, pas plus bête qu'un autre, pas plus dégourdi non plus, un peu simple pourtant. Pendant les heures de liberté, son plus grand plaisir était de se promener sur le quai, où sont réunis les marchands d'oiseaux. Tantôt seul, tantôt avec un pays, il s'en allait lentement le long des cages où les perroquets à dos vert et à tête jaune des Amazones, les perroquets à dos gris et à tête rouge du Sénégal, les aras énormes qui ont l'air d'oiseaux cultivés en serre, avec leurs plumes fleuries, leurs panaches et leurs aigrettes, les perruches de toute taille, qui semblent coloriées avec un soin minutieux par un bon Dieu miniaturiste, et les petits, tout petits oisillons sautillants, rouges, jaunes, bleus et bariolés, mêlant leurs cris au bruit du quai, apportent dans le fracas des navires déchargés, des passants et des voitures, une rumeur violente, aiguë, piaillarde, assourdissante, de forêt lointaine et surnaturelle.

Boitelle s'arrêtait, les yeux ouverts, la bouche ouverte, riant et ravi, montrant ses dents aux kakatoès prisonniers qui saluaient de leur huppe blanche ou jaune le rouge éclatant de sa culotte et le cuivre de son ceinturon. Quand il rencontrait un oiseau parleur, il lui posait des questions et si la bête se trouvait ce jour-là disposée à répondre et dialoguait avec lui, il emportait pour jusqu'au soir de la gaieté et du contentement. A regarder les singes aussi il se faisait des bosses de plaisir, et il n'imaginait point de plus grand luxe pour un homme riche que de posséder ces animaux ainsi qu'on a des chats et des chiens. Ce goût-là, ce goût de l'exotique, il l'avait dans le sang comme on a celui de la chasse, de la médecine ou de la prêtrise. Il ne pouvait s'empêcher, chaque fois que s'ouvraient les portes de la caserne, de s'en revenir au quai comme s'il s'était senti tiré par une envie.

Or une fois, s'étant arrêté presque en extase devant un araraca monstrueux qui gonflait ses plumes, s'inclinait, se redressait, semblait faire les révérences de cour du pays des perroquets, il vit s'ouvrir la porte d'un petit café attenant à la boutique du marchand d'oiseaux, et une jeune négresse, coiffée d'un foulard rouge, apparut, qui balayait vers la rue les bouchons et le sable de l'établissement.

L'attention de Boitelle fut aussitôt partagée entre l'animal et la femme, et il n'aurait su dire vraiment lequel de ces deux êtres il contemplait avec le plus d'étonnement et de plaisir.

La négresse, ayant poussé dehors les ordures du cabaret, leva les yeux, et demeura à son tour toute éblouie devant l'uniforme du soldat. Elle restait debout, en face de lui, son balai dans les mains comme si elle lui eût porté les armes, tandis que l'araraca continuait à s'incliner. Or le troupier au bout de quelques instants fut gêné par cette attention, et il s'en alla à petits pas, pour n'avoir point l'air de battre en retraite.

Mais il revint. Presque chaque jour il passa devant le Café des Colonies, et souvent il aperçut à travers les vitres

119

la petite bonne à peau noire qui servait des bocks ou de l'eau-de-vie aux matelots du port. Souvent aussi elle sortait en l'apercevant; bientôt, même, sans s'être jamais parlé, ils se sourirent comme des connaissances; et Boitelle se sentait le cœur remué, en voyant luire tout à coup, entre les lèvres sombres de la fille, la ligne éclatante de ses dents. Un jour enfin il entra, et fut tout surpris en constatant qu'elle parlait français comme tout le monde. La bouteille de limonade, dont elle accepta de boire un verre, demeura, dans le souvenir du troupier, mémorablement délicieuse; et il prit l'habitude de venir absorber, en ce petit cabaret du port, toutes les douceurs liquides que lui permettait sa bourse.

C'était pour lui une fête, un bonheur auquel il pensait sans cesse, de regarder la main noire de la petite bonne verser quelque chose dans son verre, tandis que les dents riaient, plus claires que les yeux. Au bout de deux mois de fréquentation, ils devinrent tout à fait bons amis, et Boitelle, après le premier étonnement de voir que les idées de cette négresse étaient pareilles aux bonnes idées des filles du pays, qu'elle respectait l'économie, le travail, la religion et la conduite, l'en aima davantage, s'éprit d'elle au point de vouloir l'épouser.

Il lui dit ce projet qui la fit danser de joie. Elle avait d'ailleurs quelque argent, laissé par une marchande d'huîtres, qui l'avait recueillie quand elle fut déposée sur le quai du Havre par un capitaine américain. Ce capitaine l'avait trouvée âgée d'environ six ans, blottie sur des balles de coton dans la cale de son navire, quelques heures après son départ de New-York. Venant au Havre, il y abandonna aux soins de cette écaillère apitoyée ce petit animal noir caché à son bord, il ne savait par qui ni comment. La vendeuse d'huîtres étant morte, la jeune négresse devint bonne au Café des Colonies.

Antoine Boitelle ajouta :

— Ça se fera si les parents n'y opposent point. J'irai jamais contre eux, t'entends ben, jamais ! Je vas leur en toucher deux mots à la première fois que je retourne au pays.

La semaine suivante en effet, ayant obtenu vingt-quatre heures de permission, il se rendit dans sa famille qui cultivait une petite ferme à Tourteville, près d'Yvetot.

Il attendit la fin du repas, l'heure où le café baptisé d'eau-de-vie rendait les cœurs plus ouverts, pour informer ses ascendants qu'il avait trouvé une fille répondant si bien à ses goûts, à tous ses goûts, qu'il ne devait pas en exister une autre sur la terre pour lui convenir aussi parfaitement.

Les vieux, à ce propos, devinrent aussitôt circonspects, et demandèrent des explications. Il ne cacha rien d'ailleurs que la couleur de son teint.

C'était une bonne, sans grand avoir, mais vaillante, économe, propre, de conduite, et de bon conseil. Toutes ces choses-là valaient mieux que de l'argent aux mains d'une mauvaise ménagère. Elle avait quelques sous d'ailleurs, laissés par une femme qui l'avait élevée, quelques gros sous, presque une petite dot, quinze cents francs à la caisse d'épargne. Les vieux, conquis par ses discours, confiants d'ailleurs dans son jugement, cédaient peu à peu, quand il arriva au point délicat. Riant d'un rire un peu contraint :

— Il n'y a qu'une chose, dit-il, qui pourra vous contrarier. Elle n'est brin blanche.

Ils ne comprenaient pas et il dut expliquer longuement

avec beaucoup de précautions, pour ne point les rebuter, qu'elle appartenait à la race sombre dont ils n'avaient vu d'échantillons que sur les images d'Épinal.

Alors ils furent inquiets, perplexes, craintifs, comme s'il leur avait proposé une union avec le Diable.

La mère disait :

— Noire ? Combien qu'elle l'est ? C'est-il partout ?

Il répondait :

— Pour sûr ! Partout, comme t'es blanche partout, té !

Le père reprenait :

— Noire ? C'est-il noire autant que le chaudron ?

Le fils répondait :

— P't'être ben un p'tieu moins! C'est noire, mais point noire à dégoûter. La robe à m'sieu l'curé est ben noire, et alle n'est pas pu laide qu'un surplis qu'est blanc.

Le père disait :

— Y en a-t-il de pu noires qu'elle dans son pays ?

Et le fils, convaincu, s'écriait :

— Pour sûr !

Mais le bonhomme remuait la tête.

— Ça doit être déplaisant.

Et le fils :

— C'est point pu déplaisant qu'aut'chose, vu qu'on s'y fait en rin de temps.

La mère demandait :

— Ça ne salit point le linge plus que d'autres, ces piaux-là ?

— Pas plus que la tienne, vu que c'est sa couleur.

Donc, après beaucoup de questions encore, il fut convenu que les parents verraient cette fille avant de rien décider et que le garçon, dont le service allait finir l'autre mois, l'amènerait à la maison afin qu'on pût l'examiner et décider en causant si elle n'était pas trop foncée pour rentrer dans la famille Boitelle.

Antoine alors annonça que le dimanche 22 mai, jour de sa libération, il partirait pour Tourteville avec sa bonne amie.

Elle avait mis pour ce voyage chez les parents de son amoureux ses vêtements les plus beaux et les plus voyants, où dominaient le jaune, le rouge et le bleu, de sorte qu'elle avait l'air pavoisée pour une fête nationale.

Dans la gare, au départ du Havre, on la regarda beaucoup, et Boitelle était fier de donner le bras à une personne qui commandait ainsi l'attention. Puis, dans le wagon de troisième classe où elle prit place à côté de lui, elle imposa une telle surprise aux paysans que ceux des compartiments voisins montèrent sur leurs banquettes pour l'examiner par-dessus la cloison de bois qui divisait la caisse roulante. Un enfant, à son aspect, se mit à crier de peur, un autre cacha sa figure dans le tablier de sa mère.

Tout alla bien cependant jusqu'à la gare d'arrivée. Mais lorsque le train ralentit sa marche en approchant d'Yvetot, Antoine se sentit mal à l'aise, comme au moment d'une inspection quand il ne savait pas sa théorie. Puis, s'étant penché à la portière, il reconnut de loin son père qui tenait la bride du cheval attelé à la carriole, et sa mère venue jusqu'au treillage qui maintenait les curieux.

Il descendit le premier, tendit la main à sa bonne amie et droit, comme s'il escortait un général, il se dirigea vers sa famille.

La mère, en voyant venir cette dame noire et bariolée en compagnie de son garçon, demeurait tellement stupéfaite qu'elle n'en pouvait ouvrir la bouche, et le père avait peine à maintenir le cheval que faisait cabrer coup sur coup la locomotive ou la négresse. Mais Antoine, saisi soudain par la joie sans mélange de revoir ses vieux, se précipita, les bras ouverts, bécota la mère, bécota le père malgré l'effroi du bidet, puis se tournant vers sa compagne que les passants ébaubis considéraient en s'arrêtant, il s'expliqua :

— La v'là ! J'vous avais ben dit qu'à première vue alle est un brin détournante, mais sitôt qu'on la connaît, vrai de vrai, y a rien de plus plaisant sur la terre. Dites-y bonjour qu'à ne s'émeuve point.

Alors la mère Boitelle, intimidée elle-même à perdre la raison, fit une espèce de révérence, tandis que le père ôtait sa casquette en murmurant : « J'vous la souhaite à vot'désir ». Puis sans s'attarder on grimpa dans la carriole, les deux femmes au fond sur des chaises qui les faisaient sauter en l'air à chaque cahot de la route, et les deux hommes par devant, sur la banquette.

Personne ne parlait. Antoine inquiet sifflotait un air de caserne, le père fouettait le bidet, et la mère regardait de coin, en glissant des coups d'œil de fouine, la négresse dont le front et les pommettes reluisaient sous le soleil comme des chaussures bien cirées.

Voulant rompre la glace, Antoine se retourna.

— Eh bien, dit-il, on ne cause pas ?

— Faut le temps, répondit la vieille.

Il reprit :

— Allons, raconte à la p'tite l'histoire des huit œufs de ta poule.

C'était une farce célèbre dans la famille. Mais comme sa mère se taisait toujours, paralysée par l'émotion, il prit lui-même la parole et narra, en riant beaucoup, cette mé-

morable aventure. Le père, qui la savait par cœur, se
dérida aux premiers mots ; sa femme bientôt suivit l'exem-
ple, et la négresse elle-même, au passage le plus drôle,
partit tout à coup d'un tel rire, d'un rire si bruyant, rou-
lant, torrentiel, que le cheval excité fit un petit temps de
galop.

La connaissance était faite. On causa.

A peine arrivés, quand tout le monde fut descendu,
après qu'il eut conduit sa bonne amie dans la chambre
pour ôter sa robe qu'elle aurait pu tacher en faisant un
bon plat de sa façon destiné à prendre les vieux par le
ventre, il attira ses parents devant la porte, et demanda,
le cœur battant :

— Eh ben, quéque vous dites ?

Le père se tut. La mère plus hardie déclara :

— Alle est trop noire ! Non, vrai, c'est trop. J'en ai eu
les sangs tournés.

— Vous vous y ferez, dit Antoine.

— Possible, mais pas pour le moment.

Ils entrèrent et la bonne femme fut émue en voyant la
négresse cuisiner. Alors elle l'aida, la jupe retroussée,
active malgré son âge.

Le repas fut bon, fut long, fut gai. Quand on fit un tour
ensuite, Antoine prit son père à part :

— Eh ben, pé, quéque t'en dis ?

Le paysan ne se compromettait jamais.

— J'ai point d'avis. D'mande à ta mé.

Alors Antoine rejoignit sa mère et la retenant en arrière :

— Eh ben, ma mé, quéque t'en dis ?

— Mon pauv'e gars, vrai, alle est trop noire. Seulement
un p'tieu moins je ne m'opposerais pas, mais c'est trop.
On dirait Satan !

Il n'insista point, sachant que la vieille s'obstinait toujours, mais il sentait en son cœur entrer un orage de chagrin. Il cherchait ce qu'il fallait faire, ce qu'il pourrait inventer, surpris d'ailleurs qu'elle ne les eût pas conquis déjà comme elle l'avait séduit lui-même. Et ils s'en allaient tous les quatre à pas lents à travers les blés, redevenus peu à peu silencieux. Quand on longeait une clôture, les fermiers apparaissaient à la barrière, les gamins grimpaient sur les talus, tout le monde se précipitait au chemin pour voir passer la « noire » que le fils Boitelle avait ramenée. On apercevait au loin des gens qui couraient à travers les champs comme on accourt quand bat le tambour des annonces de phénomènes vivants. Le père et la mère Boitelle effarés de cette curiosité semée par la campagne à leur approche, hâtaient le pas, côte à côte, précédant de loin leur fils à qui sa compagne demandait ce que les parents pensaient d'elle.

Il répondit en hésitant qu'ils n'étaient pas encore décidés.

Mais sur la place du village ce fut une sortie en masse de toutes les maisons en émoi, et devant l'attroupement grossissant, les vieux Boitelle prirent la fuite et regagnèrent leur logis, tandis qu'Antoine soulevé de colère, sa bonne amie au bras, s'avançait avec majesté sous les yeux élargis par l'ébahissement.

Il comprenait que c'était fini, qu'il n'y avait plus d'espoir, qu'il n'épouserait pas sa négresse ; elle aussi le comprenait ; et ils se mirent à pleurer tous les deux en approchant de la ferme. Dès qu'ils furent revenus, elle ôta de nouveau sa robe pour aider la mère à faire sa besogne ; elle la suivit partout, à la laiterie, à l'étable, au poulailler, prenant la plus grosse part, répétant sans cesse : « Laissez-moi faire, madame Boitelle », si bien que le soir venu, la vieille, touchée et inexorable, dit à son fils :

— C'est une brave fille tout de même. C'est dommage qu'elle soit si noire, mais vrai, alle l'est trop. J'pourrais pas m'y faire, faut qu'alle r'tourne, alle est trop noire.

Et le fils Boitelle dit à sa bonne amie :

— Alle n'veut point, alle te trouve trop noire. Faut r'tourner. Je t'aconduirai jusqu'au chemin de fer. N'importe, t'éluge point. J'vas leur y parler quand tu seras partie.

Il la conduisit donc à la gare en lui donnant encore bon espoir, et après l'avoir embrassée, la fit monter dans le convoi qu'il regarda s'éloigner avec des yeux bouffis par les pleurs.

Il eut beau implorer les vieux, ils ne consentirent jamais.

Et quand il avait conté cette histoire que tout le pays connaissait, Antoine Boitelle ajoutait toujours :

— A partir de ça, j'ai eu de cœur à rien, à rien. Aucun métier ne m'allait pu, et j'sieus devenu ce que j'sieus, un ordureux.

On lui disait :

— Vous vous êtes marié pourtant.

— Oui, et j'peux pas dire que ma femme m'a déplu pisque j'y ai fait quatorze enfants, mais c'n'est point l'autre, oh non, pour sûr, oh non ! L'autre, voyez-vous, ma négresse, elle n'avait qu'à me regarder, je me sentais comme transporté...

# LE LAPIN

# LE LAPIN

Maître Lecacheur apparut sur la porte de sa maison à l'heure ordinaire, entre cinq heures et cinq heures un quart du matin, pour surveiller ses gens qui se mettaient au travail.

Rouge, mal éveillé, l'œil droit ouvert, l'œil gauche presque fermé, il boutonnait avec peine ses bretelles sur son gros ventre, tout en surveillant, d'un regard entendu et circulaire, tous les coins connus de sa ferme. Le soleil coulait ses rayons obliques à travers les hêtres du fossé et les pommiers ronds de la cour, faisait chanter les coqs sur le fumier et roucouler les pigeons sur le toit. La senteur de l'étable s'envolait par la porte ouverte et se mêlait, dans l'air frais du matin, à l'odeur âcre de l'écurie où hennissaient les chevaux, la tête tournée vers la lumière.

Dès que son pantalon fut soutenu solidement, maître Lecacheur se mit en route, allant d'abord vers le poulailler pour compter les œufs du matin, car il craignait des maraudes depuis quelque temps.

Mais la fille de ferme accourut vers lui en levant les bras et criant :

—Maît'Cacheux, maît'Cacheux, on a volé un lapin, c'te nuit.

— Un lapin ?

— Oui, maît'Cacheux, l'gros gris, celui de la cage à draite.

Le fermier ouvrit tout à fait l'œil gauche et dit simplement :

— Faut vé ça.

Et il alla voir.

La cage avait été brisée, et le lapin était parti.

Alors l'homme devint soucieux, referma son œil droit et se gratta le nez. Puis, après avoir réfléchi, il ordonna à la servante effarée, qui demeurait stupide devant son maître :

— Va quéri les gendarmes. Dis que j'les attends sur l'heure.

Maître Lecacheur était maire de sa commune, Pavigny-le-Gras, et commandait en maître, vu son argent et sa position.

Dès que la bonne eut disparu, en courant vers le village, distant d'un demi-kilomètre, le paysan rentra chez lui, pour boire son café et causer de la chose avec sa femme.

Il la trouva soufflant le feu avec sa bouche, à genoux devant le foyer.

Il dit dès la porte :

— V'là qu'on a volé un lapin, l'gros gris.

Elle se retourna si vite qu'elle se trouva assise par terre, et regardant son mari avec des yeux désolés :

— Qué qu'tu dis, Cacheux ! qu'on a volé un lapin ?

— L'gros gris.

— L'gros gris ?

Elle soupira.

— Qué misère ? qué qu'a pu l'vôlé, çu lapin ?

C'était une petite femme maigre et vive, propre, entendue à tous les soins de l'exploitation.

Lecacheur avait son idée.

— Ça doit être çu gars de Polyte.

La fermière se leva brusquement, et d'une voix furieuse :

— C'est li ! c'est li ! faut pas en trâcher d'autre. C'est li ! Tu l'as dit, Cacheux !

Sur sa maigre figure irritée, toute sa fureur paysanne, toute son avarice, toute sa rage de femme économe contre le valet toujours soupçonné, contre la servante toujours suspectée, apparaissaient dans la contraction de la bouche, dans les rides des joues et du front.

— Et qué que t'as fait ? demanda-t-elle.

— J'ai envéyé quéri les gendarmes.

Ce Polyte était un homme de peine employé pendant quelques jours dans la ferme et congédié par Lecacheur après une réponse insolente. Ancien soldat, il passait pour avoir gardé de ses campagnes en Afrique des habitudes de maraude et de libertinage. Il faisait, pour vivre, tous les métiers. Maçon, terrassier, charretier, faucheur, casseur de pierres, ébrancheur, il était surtout fainéant, aussi ne le gardait-on nulle part et devait-il par moments changer de canton pour trouver encore du travail.

Dès le premier jour de son entrée à la ferme, la femme de Lecacheur l'avait détesté ; et maintenant elle était sûre que le vol avait été commis par lui.

Au bout d'une demi-heure environ, les deux gendarmes arrivèrent. Le brigadier Sénateur était très haut et maigre, le gendarme Lenient, gros et court.

Lecacheur les fit asseoir, et leur raconta la chose. Puis

on alla voir le lieu du méfait afin de constater le bris de la cabine et de recueillir toutes les preuves. Lorsqu'on fut rentré dans la cuisine, la maîtresse apporta du vin, emplit les verres et demanda avec un défi dans l'œil :

— L'prendrez-vous, c'ti-là ?

Le brigadier, son sabre entre les jambes, semblait soucieux. Certes, il était sûr de le prendre si on voulait bien le lui désigner. Dans le cas contraire, il ne répondait point de le découvrir lui-même. Après avoir longtemps réfléchi, il posa cette simple question :

— Le connaissez-vous, le voleur ?

Un pli de malice normande rida la grosse bouche de Lecacheur qui répondit :

— Pour l'connaître, non, je l'connais point, vu que j'l'ai pas vu vôler. Si j'l'avais vu, j'y aurais fait manger tout cru, poil et chair, sans un coup d'cidre pour l'faire passer. Pour lors, pour dire qui c'est, je l'dirai point, nonobstant que j'crais qu'c'est çu propre à rien de Polyte.

Alors il expliqua longuement ses histoires avec Polyte, le départ de ce valet, son mauvais regard, des propos rapportés, accumulant des preuves insignifiantes et minutieuses.

Le brigadier, qui avait écouté avec grande attention tout en vidant son verre de vin et en le remplissant ensuite, d'un geste indifférent, se tourna vers son gendarme :

— Faudra voir chez la femme au berqué Severin, dit-il.

Le gendarme sourit et répondit par trois signes de tête.

Alors, M<sup>me</sup> Lecacheur se rapprocha, et tout doucement, avec des ruses de paysanne, interrogea à son tour le brigadier. Ce berger Severin, un simple, une sorte de brute, élevé dans un parc à moutons, ayant grandi sur les côtes au milieu de ses bêtes trottantes et bêlantes, ne connaissant guère qu'elles au monde, avait cependant conservé au fond de l'âme l'instinct d'épargne du paysan. Certes, il avait dû cacher, pendant des années et des années, dans des creux d'arbres ou des trous de rocher tout ce qu'il gagnait d'argent, soit en gardant les troupeaux, soit en guérissant, par des attouchements et des paroles, les entorses des animaux (car le secret des rebouteux lui avait été transmis par un vieux berger qu'il avait remplacé). Or, un jour, il acheta, en vente publique, un petit bien, masure et champ, d'une valeur de trois mille francs.

Quelques mois plus tard, on apprit qu'il se mariait. Il épousait une servante connue pour ses mauvaises mœurs, la bonne du cabaretier. Les gars racontaient que cette fille, le sachant aisé, l'avait été trouver chaque nuit, dans sa hutte, et l'avait pris, l'avait conquis, l'avait conduit au mariage, peu à peu, de soir en soir.

Puis, ayant passé par la mairie et par l'église, elle habitait maintenant la maison achetée par son homme, tandis qu'il continuait à garder ses troupeaux, nuit et jour, à travers les plaines.

Et le brigadier ajouta :

— V'là trois s'maines que Polyte couche avec elle, vu qu'il n'a pas d'abri, ce maraudeur.

Le gendarme se permit un mot :

— Il prend la couverture au berger.

Mme Lecacheur, saisie d'une rage nouvelle, d'une rage accrue par une colère de femme mariée contre le dévergondage, s'écria :

— C'est elle, j'en suis sûre. Allez-y. Ah ! les bougres de voleux !

Mais le brigadier ne s'émut pas :

— Minute, dit-il. Attendons midi, vu qu'il y vient dîner chaque jour. Je les pincerai le nez dessus.

Et le gendarme souriait, séduit par l'idée de son chef; et Lecacheur aussi souriait maintenant, car l'aventure du berger lui semblait comique, les maris trompés étant toujours plaisants.

Midi venait de sonner, quand le brigadier Sénateur, suivi de son homme, frappa trois coups légers à la porte d'une petite maison isolée, plantée au coin d'un bois, à cinq cents mètres du village.

Ils s'étaient collés contre le mur afin de n'être pas vus du dedans; et ils attendirent. Au bout d'une minute ou deux, comme personne ne répondait, le brigadier frappa de nouveau. Le logis semblait inhabité tant il était silencieux, mais le gendarme Lenient, qui avait l'oreille fine, annonça qu'on remuait à l'intérieur.

Alors Sénateur se fâcha. Il n'admettait point qu'on résistât une seconde à l'autorité et, heurtant le mur du pommeau de son sabre, il cria :

— Ouvrez, au nom de la loi !

Cet ordre demeurant toujours inutile, il hurla :

— Si vous n'obéissez pas, je fais sauter la serrure. Je suis le brigadier de gendarmerie, nom de Dieu ! Attention, Lenient.

Il n'avait point fini de parler que la porte était ouverte, et Sénateur avait devant lui une grosse fille très rouge, joufflue, dépoitraillée, ventrue, large des hanches, une sorte de femelle sanguine et bestiale, la femme du berger Severin.

Il entra.

— Je viens vous rendre visite, rapport à une petite enquête, dit-il.

Et il regardait autour de lui. Sur la table une assiette, un pot à cidre, un verre à moitié plein annonçaient un repas commencé. Deux couteaux traînaient côte à côte. Et le gendarme malin cligna de l'œil à son chef.

— Ça sent bon, dit celui-ci.

— On jurerait du lapin sauté, ajouta Lenient très gai.

— Voulez-vous un verre de fine? demanda la paysanne.

— Non, merci. Je voudrais seulement la peau du lapin que vous mangez.

Elle fit l'idiote ; mais elle tremblait.

— Qué lapin ?

Le brigadier s'était assis et s'essuyait le front avec sérénité.

— Allons, allons, la patronne, vous ne nous ferez pas accroire que vous vous nourrissiez de chiendent. Que mangiez-vous, là, toute seule, pour votre dîner ?

— Mé, rien de rien, j'vous jure. Un p'tieu d'beurre su'l'pain.

— Mazette, la bourgeoise, un p'tieu d'beurre su'l'pain... vous faites erreur. C'est un p'tieu d'beurre sur le lapin qu'il faut dire. Bougre ! il sent bon vot'beurre, nom de Dieu ! c'est du beurre de choix, du beurre d'extra, du beurre de noce, du beurre à poil, pour sûr, c'est pas du beurre de ménage, çu beurre-là !

Le gendarme se tordait et répétait :

— Pour sûr, c'est pas du beurre de ménage.

Le brigadier Sénateur étant farceur, toute la gendarmerie était devenue facétieuse.

Il reprit :

— Ous'qu'il est vot'beurre ?

— Mon beurre ?

— Oui, vot'beurre.

— Mais dans l'pot !

— Alors, ous'qu'il est l'pot ?

— Qué pot ?

— L'pot à beurre, pardi !

— Le v'là.

Elle alla chercher une vieille tasse au fond de laquelle gisait une couche de beurre rance et salé.

Le brigadier le flaira et, remuant le front :

— C'est pas l'même. Il me faut l'beurre qui sent le lapin sauté. Allons, Lenient, ouvrons l'œil ; vois su'l'buffet, mon garçon ; mé j'vas guetter sous le lit.

Ayant donc fermé la porte, il s'approcha du lit et le voulut tirer ; mais le lit tenait au mur, n'ayant pas été déplacé depuis plus d'un demi-siècle apparemment. Alors le brigadier se pencha, et fit craquer son uniforme. Un bouton venait de sauter.

— Lenient ! dit-il.

— Mon brigadier ?

— Viens, mon garçon, viens au lit, moi je suis trop long pour voir dessous. Je me charge du buffet.

Donc, il se releva, et attendit, debout, que son homme eût exécuté l'ordre.

Lenient, court et rond, ôta son képi, se jeta sur le ventre, et collant son front par terre, regarda longtemps le creux noir sous la couche. Puis, soudain, il s'écria :

— Je l'tiens ! Je l'tiens !

Le brigadier Sénateur se pencha sur son homme.

— Qué que tu tiens, le lapin ?

— Non, l'voleux !

— L'voleux ! Amène, amène !

Les deux bras du gendarme allongés sous le lit avaient appréhendé quelque chose, et il tirait de toute sa force.

Un pied, chaussé d'un gros soulier, parut enfin, qu'il tenait de sa main droite.

Le brigadier le saisit :

— Hardi ! hardi ! tire !

Lenient, à genoux maintenant, tirait sur l'autre jambe. Mais la besogne était rude, car le captif gigotait ferme, ruait et faisait gros dos, s'arcboutant de la croupe à la traverse du lit.

— Hardi ! hardi ! tire ! criait Sénateur.

Et ils tiraient de toute leur force, si bien que la barre de bois céda et l'homme sortit jusqu'à la tête, dont il se servit encore pour s'accrocher à sa cachette.

La figure parut enfin, la figure furieuse et consternée de Polyte dont les bras demeuraient étendus sous le lit.

— Tire ! criait toujours le brigadier.

Alors un bruit bizarre se fit entendre ; et comme les bras s'en venaient à la suite des épaules, les mains se montrèrent à la suite des bras et, dans les mains, la queue d'une casserole, et, au bout de la queue, la casserole elle-même, qui contenait un lapin sauté.

— Nom de Dieu, de Dieu, de Dieu, de Dieu ! hurlait le brigadier fou de joie, tandis que Lenient s'assurait de l'homme.

Et la peau du lapin, preuve accablante, dernière et terrible pièce à conviction, fut découverte dans la paillasse.

Alors les gendarmes rentrèrent en triomphe au village avec leur prisonnier et leurs trouvailles.

Huit jours plus tard, la chose ayant fait grand bruit, maître Lecacheur, en entrant à la mairie pour y conférer avec le maître d'école, apprit que le berger Severin l'y attendait depuis une heure.

L'homme était assis sur une chaise, dans un coin, son

bâton entre les jambes. En apercevant le maire, il se leva, ôta son bonnet, salua d'un : « Bonjou, maît'Cacheux », puis demeura debout, craintif, gêné.

— Qu'est-ce que vous demandez, dit le fermier.

— V'là, maît'Cacheux. C'est-i véridique qu'on a vôlé un lapin cheux vous, l'aut'semaine ?

— Mais oui, c'est vrai, Severin.

— Ah ! ben, pour lors, c'est véridique ?

— Oui, mon brave.

— Qué qui l'a vôlé, çu lapin ?

— C'est Polyte Ancas, l'journalier.

— Ben, ben. C'est-i véridique itou qu'on l'a trouvé sous mon lit ?

— Qui ça, le lapin ?

— Le lapin et pi Polyte, l'un au bout de l'autre.

— Oui, mon pauv'e Severin. C'est vrai.

— Pour lors, c'est véridique ?

— Oui. Qu'est-ce qui vous a donc conté c't'histoire-là ?

— Un p'tieu tout l'monde. Je m'entends. Et pi, et pi, vous n'en savez long su l'mariage, vu qu'vous les faites, vous qu'êtes maire.

— Comment sur le mariage ?

— Oui, rapport au drait.

— Comment, rapport au droit ?

— Rapport au drait d'l'homme et pi au drait d'la femme.

— Mais oui.

— Eh ben, dites-mé, maît'Cacheux, ma femme a-t-i l'drait de coucher avé Polyte ?

— Comment de coucher avec Polyte ?

— Oui, c'est-i son drait, vu la loi, et pi vu qu'alle est ma femme, de coucher avec Polyte ?

— Mais non, mais non, c'est pas son droit.

— Si je l'y r'prends, j'ai-t-i l'drait de li fout'des coups, mé, à elle et pi à li itou ?

— Mais... mais... mais oui.

— C'est ben, pour lors. J'vas vous dire. Eune nuit, vu qu'j'avais d'z'idées, j'rentrai, l'aut'e semaine, et j'les y trouvai, qu'i n'étaient point dos à dos. J'foutis Polyte coucher dehors; mais c'est tout, vu que je savais point mon drait. C'te fois-ci, j'les vis point. Je l'sais par l's'autres. C'est fini, n'en parlons pu. Mais si j'les r'pince... nom d'un nom, si j'les r'pince ! Je leur ferai passer l'goût d'la rigolade, maît'Cacheux, aussi vrai que je m'nomme Severin...

# TABLE

# TABLE


PAGES

LE PETIT FÛT . . . . . . . . . . . . . . . . . . . . . . . 5

LA BÊTE A MAIT'BELHOMME . . . . . . . . . . . . . . . 17

UNE VENTE. . . . . . . . . . . . . . . . . . . . . . . 33

LA MARTINE . . . . . . . . . . . . . . . . . . . . . . 45

LES SABOTS. . . . . . . . . . . . . . . . . . . . . . 59

UN NORMAND . . . . . . . . . . . . . . . . . . . . . . 71

AUX CHAMPS. . . . . . . . . . . . . . . . . . . . . . 85

LA FICELLE. . . . . . . . . . . . . . . . . . . . . . 99

BOITELLE. . . . . . . . . . . . . . . . . . . . . . . 113

LE LAPIN . . . . . . . . . . . . . . . . . . . . . . . 129

Le tirage de cette Édition,
achevé le Vingt-huit Août Mil neuf cent vingt-neuf
sur les presses de l'Imprimeur
LÉON PICHON,
5, rue Christine, à Paris,
pour la
"SOCIÉTÉ NORMANDE DES AMIS DU LIVRE",
a été limité à :
Vingt-cinq exemplaires sur vélin teinté à la forme des
Papeteries d'Arches,
contenant chacun une double suite d'épreuves des lithographies,
sur japon à la forme et sur chine,
numérotés de I à XXV,
réservés aux Membres de la Société ;
Soixante-quinze exemplaires sur vélin blanc à la forme des
Papeteries de Rives,
numérotés de 1 à 75.
Les lithographies ont été imprimées à la presse à bras
par
EDMOND DESJOBERT.